Y Cymoedd Du

The Black Valley
T h e   G r e y   S k y

photographs by

ffotograffau gan

R o g e r
Tiley

"Tyst ar y tu allan ydw i, nid ar y tu mewn"
1982

"I am a witness, not a participant"
1982

D1422007

The South Wales Valleys
Cymoedd De Cymru

The Black Valley
The Grey Sky

First published in 1995 by Incline Publications.

Photographs, foreword and captions copyright © **Roger Tiley**
Introduction copyright © **Neil Kinnock**
Poem copyright © **Ros Moule**

ISBN 0 9522446 0 8
British Library Cataloguing-in-Publication Data.
A catalogue record for this book is available from the British Library

Cover Design - Roger Tiley
Graphics and layout - Roger Tiley

Publisher's note:
The reproduction of the photographs in this book was
supervised and approved by Roger Tiley

INCLINE
P U B L I C A T I O N S

publishing fine art photography

Cyhoeddiadau Llethr
Cyhoeddwyr Ffotograffiaeth Gelfyddyd Gain

Duotone printing in Wales
by D Brown & Sons

port*folio* **contents** cynnwys

'17% unemployed in the valleys. More women are employed than men'.
'Mae 17% yn ddi-waith yn y cymoedd. Mae mwy o wragedd na dynion yn gweithio'.

Demonstration outside Cardiff Prison 1985.
Two striking miners were jailed for life, after
dropping a concrete post onto a taxi taking a
miner into work. The taxi driver was killed.
The sentence was subsequently reduced to a
manslaughter charge, and the miners served
eight years in prison.

Ardystiad y tu allan i Garchar Caerdydd 1985.
Carcharwyd am oes ddau löwr a oedd ar streic
am iddynt ollwng darn o goncrid ar dacsi a oedd
yn cludo glöwr i'w waith. Lladdwyd gyrrwr y
tacsi.
Cafodd y ddedfryd ei gostwng ymhen amser i
gyhuddiad o ddynladdiad a bu'r glowyr yn y
carchar am gyfnod o wyth mlynedd.

port*folio* **acknowledgements**

For this book I am indebted to an enormous number of people, for their help
and advice - far too many to name. My special thanks in particular to :

The miners and their families for making me so welcome; even during
difficult times for them, they always looked after me.

The National Union of Mineworkers, especially at the lodges in Celynen
South, Maerdy and Tymawr - Lewis Merthyr.

Thanks to the congregations of Carmel chapel, Abercrave: Tabernacle,
Ystradgynlais: Pentecostal church, Fochriw, Rhymney Valley: the Garn
Chapel, Abercarn and Hafodrynys, Gwent.

To my wife Angela, for her continued support: without her help, this book
would never have been possible.

Ros Moule for her creative enthusiasm in the form of a poem and her advice
throughout the production process - from the initial idea, to the final printing
of this book.

Neil Kinnock for his introductory text.

Janice Williams, for translating the text into Welsh.

Thanks also to Meic Gilby, Carla Thomas, Andrew Barnes and David Jones
for their valid advice.

*Many of the images in this book were taken whilst on assignment for the
following, with thanks to :*

Ffotogallery, Cardiff (Valleys Project)
The Guardian
The Observer
The Times

This book is dedicated to the miners and their families, who fought so
bravely for their jobs during the twentieth century.

"They are the enemy within..." **Lady Margaret Thatcher MP (Prime Minister from 1979-90)**

port*folio*   cydnabyddiaeth

Rydw i'n ddyledus i nifer mawr o bobl am eu cymorth a'u cyngor wrth baratoi'r llyfr hwn - gormod o lawer i'w henwi. Diolch yn arbennig, fodd bynnag, i'r canlynol :

Y glowyr a'u teuluoedd am eu croeso; hyd yn oed yn ystod yr adegau anoddaf roedden nhw bob amser yn fawr eu gofal drosof.

Undeb Cenedlaethol y Glowyr, yn arbennig yng nghyfrinfeydd De Celynen, y Maerdy a Tymawr - Lewis Merthyr.

Diolch hefyd i gynulleidfaoedd Capel Carmel, Abercraf; y Tabernacl, Ystradgynlais; yr Eglwys Bentecostaidd, Cwm Rhymni; Capel y Garn, Abercarn a Hafodrynys, Gwent.

I'm grwaig, Angela. Heb ei chefnogaeth a'i chymorth diflino ni fyddai'r llyfr hwn byth wedi gweld golau dydd.

Ros Moule am ei brwdfrydedd creadigol yn ei cherdd a'i chyngor drwy gydol y broses o gyhoeddi'r llyfr hwn - o'r syniad gwreiddiol i'w argraffu ar ei wedd derfynol.

Neil Kinnock am ei ragarweiniad.

Janice Williams am gyfieithu'r testun i'r Gymraeg.

Diolch hefyd i Meic Gilby, Carla Thomas, Andrew Barnes a David Jones am eu cyngor gwerthfawr.

Tynnwyd llawer o'r lluniau yn y llyfr hwn ar aseiniad ar gyfer y canlynol :

Ffotogallery, Caerdydd (Project y Cymoedd)
The Guardian
The Observer
The Times

Diolch iddynt.

Cyflwynir y llyfr hwn i'r glowyr a'u teuluoedd a ymladdodd mor ddewr am eu bywoliaeth yn ystod yr ugeinfed ganrif.

"Hwy yw'r gelyn oddi mewn..." **Y Fonesig Margaret Thatcher AS (Prif Weinidog rhwng 1979 a 1990)**

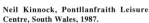 **introduction** by Neil Kinnock

Neil Kinnock, Pontllanfraith Leisure Centre, South Wales, 1987.
Neil Kinnock, former leader of the Labour Party, and member of parliament for the constituency of Islwyn in South Wales.
Mr Kinnock had just learned of his success in holding his constituency seat, but was unsuccessful in wining the general election and becoming Prime Minister.
Mr Kinnock, along with his wife, were leaving to travel to London, to the Labour Party Headquarters.
Margaret Thatcher, leader of the Conservative Party, was to become Prime Minister for her third term in power at number 10 Downing Street.

These pictures tell an intriguing but sombre story of a proud, hard-working, mutually supportive community; my community. Coal was the source of life for the area. In little more that a century, mining created the towns and villages of South Wales and as it provided work, its challenges forged dignity and comradeship. The people lived and died together, they shared their joys and sorrows; their fears and aspirations - and these aspirations were great, there was a huge thirst for knowledge and both religion and culture were central to their lives.

The men earned the money and the women provided the stability for the family. As a result, in many households there was a shared authority - Dad the bread winner, Mam the helper, and healer and manager. In the awful trials of the twelve month strike of 1984-85, the women of a new generation found fresh strengths to sustain the community. And they have shown immense durability when, in the few years following the strike, the pits have closed relentlessly.

The Black Valley, the Grey Sky is a realistic portrait of valley life, but the tenacity and solidarity of the men and women, ensured that the community did not die with the collieries. It suffered hardship and loss of morale, it was impoverished in many ways. But it survived. And with the greening of the valleys, the grey skies are becoming a little lighter.

Our communities are now rising to try to meet the demands of a post-industrial South Wales. As they do so, this book is a reminder of our debt to people of special character.

Neil Kinnock
European Commissioner

"We will privatise the coal industry..." Cecil Parkinson MP, former Conservative Minister for Energy

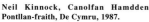 rhagarweiniad | gan Neil Kinnock

Neil Kinnock, Canolfan Hamdden Pontllan-fraith, De Cymru, 1987.
Neil Kinnock, cyn-arweinydd y Blaid Lafur ac aelod seneddol etholaeth Islwyn yn Ne Cymru.
Roedd Mr Kinnock newydd glywed iddo lwyddo i gadw ei sedd yn yr etholaeth ond methu a wnaeth y Blaid Lafur yn yr etholiad cyffredinol a methu a wnaeth yntau i fod yn Brif Weinidog.
Roedd Mr Kinnock a'i wraig ar eu ffordd yn ôl i Bencadlys y Blaid Lafur yn Llundain. Aeth Margaret Thatcher, arweinydd y Blaid Geidwadol, yn ôl i 10 Downing Street yn Brif Weinidog am y trydydd tro.

Fe welir yn y lluniau hun hanes cyfareddol ac eto dwys y gymuned hon yr oedd balchder, diwydrwydd a pharodrwydd i ymwneud â'i gilydd yn nodweddu ei phobl; dyma fy nghymuned i. Glo oedd ffynhonnell bywyd yr ardal. Mewn ychydig dros ganrif, crewyd trefi a phentrefi De Cymru gan y diwydiant glo ac wrth i waith ddod yn ei sgil gwelwyd atgyfnerthu brawdoliaeth ac urddas y gweithwyr yn wyneb caledi'r gwaith hwnnw. Roedd y bobl yn byw ac yn marw ochr yn ochr â'i gilydd, roedden nhw'n cydlawenhau ac yn cydalaru, yn rhannu'r un ofnau a'r un dyheadau - ac roedd eu dyheadau yn uchelgeisiol iawn a'u hawydd am wybodaeth yn fawr. Roedd crefydd a diwylliant yn rhan hanfodol o'u bywyd.

Y dynion fyddai'n ennill yr arian a'r gwragedd fyddai angor y teulu. O ganlyniad, felly, yn y rhan fwyaf o'r cartrefi byddai'r awdurdod yn cael ei rannu - y tad oedd y penteulu a'r fam fyddai'n cynorthwyo, yn iacháu ac yn rheoli. Yn ystod treialon blin y streic yn 1984-85, cafodd gwragedd y to newydd nerth o'r newydd i gynnal eu cymunedau. Dangoswyd gwydnwch aruthrol ganddynt yn ystod y blynyddoedd wedi'r streic wrth i'r pyllau gau bob yn un ac un.

Mae *Y Cwm Du, yr Awyr Lwyd* yn bortread realistig o fywyd yn y cymoedd, ond dygnwch a chadernid gwŷr a gwragedd y cymoedd a sicrhaodd na fu'r cymunedau farw gyda'r pyllau. Dioddefwyd caledi mawr, gwelwyd ysbryd y bobl yn cael ei ysgwyd a dirywiad yn treiddio i bob man. Ond y maent yno o hyd. A chyda glasu'r llethrau mae'r awyr lwyd hefyd yn glasu ychydig.

Mae ein cymunedau bellach yn ailgodi i geisio cwrdd â gofynion yr oes newydd yn Ne Cymru. Yn eu hymdrech i wneud hynny, y mae'r llyfr hwn yn ein hatgoffa o'n dyled i bobl arbennig iawn sy'n perthyn i oes a fu.

Neil Kinnock
Comisiynydd dros Ewrop

"Ein bwriad yw preifateiddio'r diwydiant glo..." Cecil Parkinson AS, cyn-Weinidog y Llywodraeth Geidwadol ar Ynni

Rhondda Miner
Glöwr o'r Rhondda

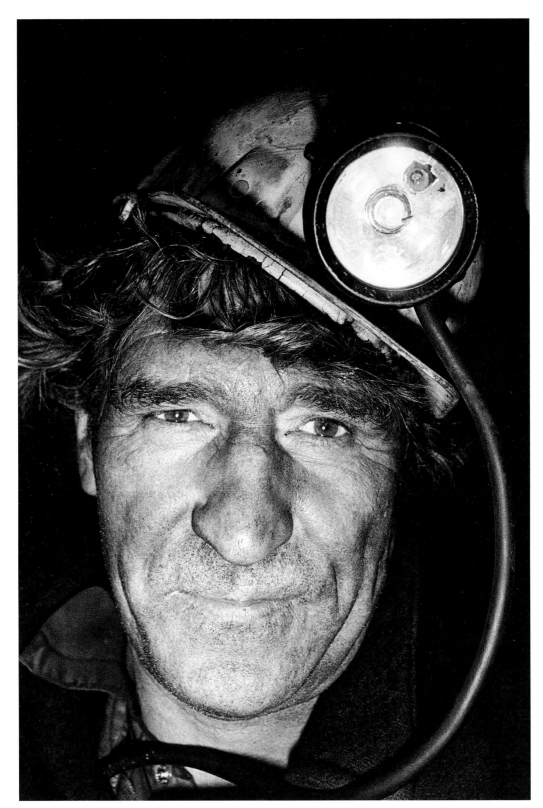

'Maggie, Maggie, Maggie, mas, mas, mas...' *Geiriau'r glowyr yn ystod streic lo 1984/85*

portfolio **poem** by Ros Moule

Black coal, **black** dust
Black lungs, **black** death
We quenched thirst with beer
And sang alive for love

Our souls were **white**
Washed clean by sorrowing
For the spilt blood
Of our comrades crushed

Now we are abandoned
Beneath a bleak **grey** sky
We powered an empire
By our dark craft

But we are annulled
By the new god
Of the market force
A jealous god

Who intends to kill
The dragon sleeping
In the cave

'Maggie, Maggie, Maggie, out, out, out'. *Miners' chant during the 1984 / 85 coal strike*

The chants of 'We're miners united, we'll never be defeated' no longer echo around the valleys. The coal dust has settled, as the colliery closure programme has successfully been completed by a government intent on demoralising the working class man. This is the viewpoint of many valley folk.

The proud symbol of the past is dead forever. The cliché image of the blackened face of the miner, the pit head wheel standing in the mist at the top of the village will never be replaced. But it will continue to be the inspiration of many novelists, poets and film makers. I am proud to witness through my lens over a decade of fighting spirit for miners and their families to fight for their existence in the competitive commercial world. Their indignant struggle, their totality to safeguard their futures lay in the hearts of the next generation, with despondency superseding fight. A rich and powerful history is sinking into the abandoned mine shafts. The valleys are changing to face the twentieth century: but the clock is running backwards, with poverty and unemployment ever increasing. And there is an ever-growing vocabulary related to the valleys' new generation; joy riding, drugs and theft.

Once neighbours walked into each other's homes, with the doors to their terraced houses open. Now many people live in fear of vandalism, burglary and assault. Old people live in an alien environment: a community of pure fear.

Black, grimy faces told the story of toil and struggle. Despondent faces now tell the story of the younger generation. Caring attitudes and comradeship earned the friendship of many world-wide: the rich sound of the male-voice choir flowing across many continents; the pigeon lofts overlooking the allotment, where tomorrow's food was grown to feed the large family. It was competitive, with many competitions being the focal point of the miners' leisure. It was so important to win first prize for the best cabbage, the best chrysanthemums in the miners' flower show; or the ultimate accolade of playing rugby for Wales. The red jersey symbolised pride and passion. The villages in the valleys were hives of activity, with shop owners benefiting from the growth of heavy industry. The Miners' Welfare Halls formed the basis of entertainment. Libraries were situated within the workmens' halls and miners were educated with an in-depth knowledge of political events.

Many of these halls have now been demolished or abandoned, although some have been refurbished and used for a variety of entertainment. The Miners' Institute at Ystradgynlais, in the Swansea Valley is a fine example of regeneration. The hall acts as the heart of the community, bringing people together to laugh and enjoy themselves. In fact, the village is one of the few vibrant communities in the valleys. This long-lasting success can be attributed to the people of the village. It refuses to surrender, although its pits have long gone. Welsh is the native language, although a friendly English voice will greet the outsider. The local rugby club reflects the success of the village, with its endeavour to promote the interests of the youth of Ystradgynlais.

Chapels that formed the proud symbolic centre for family values are closing at a dramatic rate. It is estimated, that one chapel or church, is closing in Wales every week. This is a depressing fact and another nail in the coffin for Welsh culture. The reclamation programme to renew hope and prosperity is fighting an uphill task. Although the valley people are fundamentally attached to their roots and prefer not to move to new pastures, many have decided to uproot, and move to greener pastures. Taking their place, are people from all parts of Britain, seeking a slower lifestyle, surrounded by friendly people.

Tourism, although on a small scale, attracts employment, with the emphasis on outstanding scenery and our historical past. The visitor drools on the prospect of travelling in a cage to pit bottom to collect their own piece of black gold. Indeed, the valleys have changed. High tech industry has spread its wings in the many factory units, employing women for the

'9 pits to close in the South Wales Coalfield' **BBC Wales News item**

intricate skills necessary, to be performed by delicate hands. The macho muscle now rears the family, whilst the bread-winner is invariably the woman.

'Those were the days' paints a rosy picture of the valleys: a picture with all the imagined clichés. But all too often, the loss of life traumatised local communities, with pit disasters all too common. Poverty, misery and suffering stand prominent, whilst the ghostly echoes of 1926 haunt us. The clatter of cutlery in the soup kitchens reached the mouths of hungry bellies.

History repeated itself though. In the 1984/85 miners' strike, the valley communities witnessed the resurgence of soup kitchens. Miners' wives rallied around their husbands' plight, raising money for food parcels: also attending endless rallies held around the country; witnessing the picket line violence and the emotional march back to work. Families suffered to support their beliefs. But the miners were defeated. They were fighting for the right to work in an industry that had a long-term future. They paid the ultimate sacrifice. Their pride was stripped and their noses rubbed in the ground. The Conservative Government of the day, had been successful in bringing about the downfall of the coal industry. We can all be proud to be British.

How can I support the miners? I made money from the strike. I gained widespread recognition with my stark images of the mining communities. In theory, my job was to observe and record, not participate. But some of the things I witnessed, made indentations into my curious mind.

The miners' strike was the pinnacle of my work on the valleys, although the penultimate chapter to the events that followed during the latter part of the 1980's. Little did I know, that my initial visit to the Celynen South Colliery near Newbridge, during December 1983, would spark a love and understanding for a subject that would disappear in front of the camera lens.

The miners were so friendly; nothing was too much trouble for them. I was introduced to union officials at the colliery, not knowing that in a few years time, I would be photographing them on picket lines around the country. Black, smiling faces were to turn to clean angry faces. It was an education for me, seeing an industrial dispute with overwhelming historical significance unfold in front of my lens. When I started documenting the industry, there were thirty-three pits in the South Wales Coalfield.

Pessimism started to appear during 1983, when the Tymawr-Lewis Merthyr Colliery was earmarked for closure. The South Wales miners went on strike to support their colleagues' jobs, but other coalfields failed to support the strike. This resulted in the subsequent closure of the colliery, with redundancy payment being offered and transfers to other pits for miners wishing to stay in the industry.

During the next few years, escalating closure plans reflected ill-feeling and despondency within the mining communities. The destiny of Tymawr-Lewis Merthyr Colliery, was to be a common sight. Pit-head wheels standing proud, but still. The task of filling shafts that carried tens of thousands of tonnes of coal to the surface was replaced by waste material. Streaks of light from the miners' lamps no longer emerged from the cage at the end of an afternoon shift. The banter of chat would be overawed by the unforgettable sound of trucks reversing, dropping their contents down the shaft, slowly choking another chapter in the history books.

Unlike nearly all the other pits to face the same destiny, Lewis Merthyr Colliery has become a museum. Its buildings and pit head wheel have survived, with a lick of paint on anything that stands still. The new influx of miners are tourists looking for a quick fix into the past. Spotlights point at the pit head: it is like a Hollywood set. The underground simulation, with the trappings of audio and visual communication, mesmerise the visitor. Dummies stand, dressed in their dirty, shred-bare clothes, stopping the spectators in their tracks. It really is an incredible journey into the past, although it has been

'Here we go...here we go...here we go...' *Miners' chant*

spruced up. The smells of toil and pain have gone, but the museum acts as a memory, for a proud symbol of Welsh culture. The landscape is slowly transforming into its past glory: coal tips have been reclaimed and grass covers the many slopes that were mined from the heart and precariously dumped on the surface, like a long-lasting boil. The long shadows stretching across the terraced houses on a summer evening have disappeared. Occupants can now gaze up and see the sky, although it is usually grey. How coal tips were allowed, in many cases, so near to inhabitants of dwellings and schools will always be a mystery. A disaster was waiting to happen, and indeed did. Children attending a local school in the small village of Aberfan were within minutes of being engulfed by thousands of tonnes of slurry from the coal tip above. It was a miracle that anybody survived this dreadful onslaught of black grime, but some children did. Unfortunately, 144 lives were lost on that cold October morning, back in 1966.

The accumulation of coal waste never seemed to be an important factor in the Coal Board's accumulation of production at the coal face. Little did those miners know at the nearby Merthyr Vale Colliery, that the morning shift would be rising from the depths of the rich coal seams to dig their children from the slurry. The coal-tip had moved its way with such velocity, it wiped out anything in its path. The school at the end of its trail was to become the focal point of death and destruction. The loss of life is symbolised in the local graveyard. Rows of gravestones lie as a shrine for the dead. It is such a sad place to visit. Photographs of children remind the onlooker of the event that amazed the world.

The pain in the hearts of the villagers of Aberfan is still prominent. I did a picture story on the village in 1983 and found a cold atmosphere within the community. Nobody likes to speak of the disaster. I felt it appropriate not to include photographs relating to the disaster in this book, as a mark of respect. The local leisure centre, built near to the school, was a positive sign that money

from the disaster fund helped the local community to revive its severely scarred spirit. The Aberfan Disaster was one of few coal-related accidents outside the confines of the pit. Most disasters occurred hundreds of feet below the soil. Deaths were all too common in the coal industry. Along with the commonly occurring deaths of individuals, mining disasters sent shivers around the coal communities. Every household would be affected by the pain and heartache of the hooter at the pit-head sounding. Fathers and sons perished, men and boys were never to see daylight again. During the last century, safety was not a word on the lips of mine owners. Naked flames ignited the lethal gasses lurking in the underground caverns.

It was the Mines' Rescue Service, whose job it was to recover the corpses lying hundreds of feet underground. Some survived the thrust of underground explosions, roof falls or lethal gas. They were in the minority though. Mines' Rescue teams were mainly voluntary. Miners who normally worked in a pit attended a nearby Mines' Rescue Station to learn the skills of a rescuer. Rescue stations not only covered the need of National Coal Board collieries, but also, the many small private mines working in the South Wales Coalfield. One such rescue station was based at Crumlin in Gwent. Miners who volunteered to train at this station were from nearby pits including Celynen South and North, Marine, Oakdale, Blaencychan and Britannia Colliery. Other stations covering South Wales were Porth in the Rhondda and Tondu, near Bridgend. The course that miners opted to pursue included theoretical study, simulated accidents, first aid and fitness training. Their task was arduous, with complete and utter exhaustion on the faces of the men after a gruelling test to meet the high standards required. Capturing these events on film was quite difficult. Much of the training was carried out in a tunnel built at the rescue station to resemble a mine shaft. As well as the tunnel being small, it was totally dark. This presented obvious technical difficulties in focusing and moving around in the tunnel, although I did not have

'School engulfed by coal tip at Aberfan'

the physical problems of carrying breathing apparatus, as the rescue team did. Extreme humid conditions formed the basis of fitness training. A room was heated to a temperature of over one hundred degrees Fahrenheit, before the rescue team carried out a series of exercises wearing breathing apparatus. Poignant reminders of disasters gone by covered the walls of the rescue station. They formed a graphic reminder of how dangerous the coal mining industry is. The comradeship amongst miners is uncommon in other industries, and the volunteers of the Mines' Rescue teams reiterated the need to help in times of need. But at the back of their minds, thoughts must have been in the hope never to be called to a pit disaster. After all, mining has an appalling record of human loss through its history. Even with modern technology, men's lives would rely on team work and the canary that was dropped to pit bottom to test gas levels. Each pit kept two canaries in case of an explosion underground. They were well fed, and loved, with a caring generosity. It was always hoped that they would not be needed to test the presence of dangerous gasses.

In modern mining, statistics make more positive reading. Although accidents have commonly occurred up until the present day, disasters on a large scale have not been seen in the South Wales Coalfield since the last significant disaster in the 1960s. The Cambrian Colliery, Clydach Vale, Rhondda Fawr, 1965, was the scene of an explosion which took the lives of thirty-one men.

Visiting collieries and the communities around them seemed to spark many unforgettable experiences for me. They are the basis for enhancing my vision. Being surrounded by the dirt and grime that coloured the men who toiled to grasp this fossil fuel, formed a perfect backdrop for an area soaked in legend and mystery. But I also remember the cold winter mornings when it was difficult to get a light-reading to capture the miners rushing from pit bottom, via the cage, to get to the pit-head baths. Many situations are uncontrollable to capture on film. The power generated

from the reality of life, formed a tangible latent image. I witnessed lives that were about to change totally. Friendship and solidarity in the valley communities were to be tested fully, as a coal strike loomed. Many scars of the past were about to be reopened and widened. The wealth of the coal owners had governed the industry and its poor working and pay conditions in the past. A Conservative Government, headed by Margaret Thatcher and the newly appointed chairman of the then National Coalboard, Ian MacGregor, were to destroy the industry and the ever-decreasing work force. The improved conditions under the nationalised industry were to turn a full circle in years to come with privatisation imminent. Uneconomic pits or exhausted coal seams always faced closure. This was a fact under successive Labour and Conservative governments.

The closure of pits that had increased productivity should never have happened. This was supported by Phillip Weeks, Director of the National Coalboard, South Wales Region during the 1980s.

On the 6th March 1984, after the announcement of further pit closures, Arthur Scargill, leader of the National Union of Mineworkers, called his men out on strike. The bait laid down by Ian MacGregor had been taken. During the previous year, the Conservative government were elected with a land-slide majority of 141 seats in parliament. Not only that, coal reserves were stock-piled at power stations for the imminent coal strike that was to follow. MacGregor, was nicknamed the 'hatchet man of the steel industry' and he, along with Margaret Thatcher, was not prepared to lose this strike, however long it would take to break the miners.

But the miners in South Wales were never going to give in easily, and their stand was a repeat of the comradeship that was shown throughout the history of Welsh mining. Some miners did return to work and it is, I feel, important to note that those men would be mentally scarred for life in their close-knit communities. But it was desperation that drove them

■■■ 13

back and a belief that Scargill could no longer win. The miners' strike of 1984/85 was to be a chapter that I would never forget as a photographer, travelling to the valleys to capture the lively, quick wit of the miners, which seemed to be hidden behind a feeling of despair. They were fighting for their beliefs, the right to work, but they were up against a powerful government machine. Media propaganda was displayed, with the label tagged on the miners, by the government, as the 'enemy within'.

Miners were encouraged to telephone a special strike-breakers' phone line, to encourage them to return to work. During much of the strike, men were unable to produce coal in South Wales, as there was only a handful of strike-breakers: they were known as scabs, a word commonly used during previous industrial strikes.

I remember attending many picket lines outside a number of collieries as the strike lengthened. To stop secondary picketing, police blocked off roads leading to the pits. This resulted in me having to walk over mountains during the early hours of the morning, to get to the picket line to photograph the six-o-clock morning shift rushing through the picket line in vans flanked by police. Conditions to photograph were not always ideal, with rain hammering down and hands frozen by the cold winter weather. As well as this, I had to contend with the jostling, when the convoy of vans raced past. The police seemed to use severely forceful tactics on a number of occasions, demonstrating not only heavy-handed aggression on the pickets, but preventing photographers from documenting the event. On a number of occasions, I was manhandled and they tried to snatch my camera. Luckily, I was amongst miners who knew me and they made sure that no harm would come to me.

Members of the NUM pit lodges were very good to me, disclosing their plan of action, so that I could gain the best vantage point to take photographs. After a few days gaining good position to photograph picket lines, the police worked out that I was being tipped-off. So wherever I stood, the action would be directly in front of me.

Soup kitchens reappeared from the realms of the history books. Miners' wives worked hard to feed their families in the food centres based at the miners' welfare halls. The halls were the nerve centre of numerous meetings to discuss the progress of demonstrations, picket-line strategies and distribution of food parcels. The miners had considerable support, with money coming from all parts of Britain and Europe.

Christmas of 1985, was probably the most memorable for the miners and their families. Although their houses were being repossessed, as a result of growing debts, they still managed to give their children a good Christmas, with generous donations of toys flooding into the distribution centres. Communities came together in this time of need.

A few months later, I photographed the miners of Maerdy Colliery march back to work. It was a very sombre and sad affair. The miners were supported by the local brass band and members of other trade unions, who had worked so hard to collect funds during the strike. Miners' wives sobbed, as the men stood aside to applaud their wives, and the sheer hard work and support they had shown. The strike was over, with no settlement between the NUM and the Government. Although talks were to continue, the miners were defeated. Their fate was in the hands of an unsympathetic conservative party, enjoying long-term power for the foreseeable future.

One by one, pit closures became a regular feature of the television news. Pits pushing productivity to the limit, turning loss-making collieries into profitable businesses, were still axed. It seemed unfair and cruel, but these pits were never to raise coal from below the surface again.

It was always argued that best quality Welsh coal could never find the markets to sustain its high level of output. This is a curious statement, when we see the beautifully transformed green landscape being torn

'1947 sees a nationalised coal industry in Great Britain'

apart to open-cast, extracting massive quantities of coal. Planning for sites to be developed on the northern outcrop are enabling open-cast developers to mine quality Welsh coal on a larger scale. These ventures have detrimental effects on the topography of the landscape. Although after a few years, the land is redeveloped, the natural woodland areas, streams and banks are removed for ever. A few yards from the last remaining pit in the South Wales Coalfield, Tower, near Hirwaun, is an open-cast development. It graphically illustrates the difference in coal production techniques.

The remaining deep mines in Wales have been floated on the stock market. Tower in the south, and Point of Ayre in North Wales are the only deep mines working in the principality. Although Point of Ayre was purchased by the RJB mining group, Tower has been bought out by its work force. The miners of Tower represent the tens of thousands of jobs that once made coal king. Tower miners are the few, with a bright and prosperous future in the industry: at least for the foreseeable future. They now own their own pit, a dream invented by Cecil Parkinson, the Conservative party energy minister. But surely, his proposals referred to nearly all the pits in the country and not just one.

Although the valleys have changed considerably over the past decade, my urge to venture into them in search of new images still excites me. Cosmetic changes have covered the old pits that I once photographed. They are replaced by factory units, many of which lie empty. But the companies that have ventured into the valleys offer greatly needed employment. Heavy industry has disappeared forever to make way for light high-tech industries that offer employment, with a large percentage of women more suitable for the needs of a modern industry. Man's role has drastically changed over the past few years. Unemployment runs at a staggeringly high percentage amongst young males. The loss of such a massive employer, like the coal industry, has knock-on effects throughout the valley communities. Small shops find it difficult to survive as luxuries are no longer part of the groceries. Corner shops are undercut by large supermarket chains reaping the benefits in the valleys. Workmen's halls are closing as funding from the miners' weekly subscriptions have been buried along with the pits, where once, trade union activities formed a focal point for miners to meet to hear Will Painter and Arthur Horner debate the rights and wrongs of political philosophy; now many halls lie in ruin waiting for the bulldozer to demolish their sacred walls. Burnt out, stolen cars litter the hillside, as new words appear in the vocabulary. 'Joy riders and ram-raiders' replace the youth of yesteryear. Parallels can be drawn with men on street corners. In our day though, they are unisex. The male domain has changed in many ways.

The affluent counties surrounding London and on the south coast of England, are a far cry from the valley communities. Education is in desperate need of funding to revitalise future generations in making the people of the valleys as prosperous as their counterparts in the south of England. The communities do not want face-lifts in the form of national garden festivals, that last for one summer season. They want real jobs to create the wealth that will produce a tolerable environment. They want to be proud of their nationality; proud of their communities and to hear the poetic tones of the Welsh language revitalise the younger generations to follow: this will be indicative of the regeneration and identity of the South Wales Valleys.

It has certainly been an education during the past twelve years in compiling the photographs in this book. I will have many memories of the friendly and proud valley folk that I had pleasure in meeting. I am proud to come from the South Wales Valleys and privileged to have witnessed such an important time in the changing culture of my country.

I look forward to producing the next series of images of the valleys, which I feel will reflect a drastically changing environment. But I will never forget my experiences and the privilege of aiming my camera lens at the 'miners united, they will never be defeated'.

Roger Tiley

116 children and 28 adults died in the Aberfan disaster

Ni chlywir mwyach y geiriau 'We're miners united, we'll never be defeated' yn atseinio drwy'r cymoedd. Mud bellach yw'r pyllau wrth i'r rhaglen ar gau pyllau gael ei thynnu i'w therfyn yn llwyddiannus gan lywodraeth â'i bryd ar ladd ysbryd y dosbarth gweithiol. Dyma farn llawer o drigolion y cymoedd. Mae arwydd balch y gorffennol wedi'i ddinistrio am byth. Ni all dim gymryd lle'r delweddau ystrydebol megis wyneb du y glöwr a'r olwyn ar ben y pwll wedi'i gorchuddio gan niwl ym mhen ucha'r pentref. Byddant yn parhau, fodd bynnag, yn ysbrydoliaeth i nofelwyr, beirdd a gwneuthurwyr ffilmiau di-ri. Rydw i'n falch i mi gael bod yn dyst drwy fy nghamera i ddegawd o ymdrech gan y glowyr a'u teuluoedd i ymladd am eu bodolaeth yn y byd masnachol cystadleuol. Yng nghalonnau'r genhedlaeth nesaf y mae parhad eu hymdrech chwyrn i sicrhau eu dyfodol; cenhedlaeth lle mae anobaith yn drech na gobaith. Mae cyfoeth o hanes yn suddo i waelod y siafftiau caeedig. Mae'r cymoedd yn newid i wynebu'r ugeinfed ganrif: ond troi yn ôl y mae'r cloc gyda thlodi a diweithdra eto ar gynnydd. Ac mae ychwanegiadau newydd hefyd i eirfa pobl ifanc y cymoedd: dwyn ceir, cyffuriau a lladrata.

Ar un adeg, arferai cymdogion fynd i dai ei gilydd; cadwent eu drysau bob amser yn agored. Bellach, mae llawer yn byw yng nhysgod ofn fandaliaeth, lladrad ac ymosodiad. Mae'r hen bobl yn byw mewn byd dieithr; cymuned yn byw mewn ofn. Yn y wynebau du, brwnt gwelid ôl llafur caled. Yn wynebau digalon y genhedlaeth iau gwelir anobaith. Roedd gofal a brawdoliaeth y cymoedd yn enwog drwy'r byd; clywid lleisiau cyfoethog y corau meibion yn llifo ar draws cyfandiroedd; edrychai'r cytiau colomennod dros y gerddi lle tyfid bwyd i borthi'r teuluoedd mawr. Roedd hi'n gymdeithas gystadleuol a'r cystadlaethau hyn oedd canolbwynt llawer o'r glowyr yn eu horiau hamdden. Rhoddwyd pwys mawr ar ennill y wobr gyntaf am y fresychen orau neu'r ffárwel haf orau yn sioe flodau'r glowyr neu'r anrhydedd mwyaf o chwarae rygbi dros Gymru. Roedd y crys coch hwnnw yn symbol o falchder ac angerdd y bobl.

Roedd y pentrefi yn ferw o brysurdeb, gyda'r siopwyr yn elwa o dwf diwydiant. Neuaddau Lles y Glowyr oedd canolbwynt eu hadloniant. Lleolwyd y llyfrgelloedd o fewn y neuaddau ac addysgwyd y glowyr i fod yn hyddysg yn nigwyddiadau gwleidyddol yr oes.

Mae llawer o'r neuaddau hyn bellach wedi'u dymchwel neu eu gwacáu, er bod rhai wedi'u hatgyweirio. Mae Institiwt y Glowyr yn Ystradgynlais, Cwm Tawe, yn enghraifft o'r adfywiad newydd. Y neuadd yw calon y gymuned a daw pawb ynghyd yno i fwynhau eu hunain. Dyma un o'r ychydig bentrefi yn y cymoedd sy'n dal i fod yn llawn bywiogrwydd. Dyfalbarhad pobl y pentref sy'n gyfrifol am hyn er bod y pwll wedi cau. Cymraeg yw iaith y pentref o hyd er y bydd gair parod o Saesneg i'w glywed i groesawu dieithriaid. Mae'r clwb rygbi lleol yn ddrych o lwyddiant y pentref a'i ymdrech i hybu diddordebau'r ifanc.

Mae'r capeli a fu'n ganolbwynt i fywyd y teulu yn cau fesul un. Amcangyfrifir bod un capel neu eglwys yn cau bob wythnos yng Nghymru. Sefyllfa ddigalon iawn a hoelen arall yn arch diwylliant Cymru. Mae'r rhaglen i roi bywyd a gobaith newydd i'r cymoedd yn wynebu tasg anodd. Er bod llawer o'r trigolion yn driw iawn i'w cynefin ac am aros yn eu bro, penderfynodd llawer godi pac a symud i borfeydd brasach. Yn eu lle gwelir pobl o bob cwr o Brydain yn dod i chwilio am lonyddwch yng nghanol pobl gyfeillgar.

Mae twristiaeth, ar raddfa fechan, wedi creu swyddi a rhoddir pwyslais ar y golygfeydd godidog a hanes ein gorffennol. Gwelir ymwelwyr yn glafoerio wrth feddwl am fynd yn y caets i waelod y pwll i gasglu talp o'r aur du. Yn wir, mae'r cymoedd wedi newid. Diwydiannau technolegol a welir bellach yn y ffatrïoedd sy'n cyflogi menywod yn bennaf i wneud y gwaith llaw manwl.

Gŵr y tŷ sydd bellach yn magu'r teulu tra bo'r wraig yn mynd allan i weithio. 'Dyddiau dedwydd, dyddiau da' oedd y rheiny pan oedd y pyllau yn eu bri, yn ôl

'Naw pwll i gau ym Maes Glo De Cymru' **Pennawd newyddion ar BBC Cymru** yr hen ystrydeb. Yn aml, fodd bynnag, byddai colli bywyd yn parlysu cymunedau, gyda damweiniau yn digwydd yn rhy aml. Mae tlodi, poen a thrallod ynghyd ag atgofion hunllefus 1926 yn aros yn fyw yn y cof. Yn sŵn clindarddach y ceginau cawl llwyddwyd i lenwi boliau'r newynog.

Gwelwyd hanes yn ailadrodd ei hun, fodd bynnag. Yn ystod streic 1984/85 ailagorwyd y ceginau cawl yn y cymoedd. Gwelwyd gwragedd y glowyr yn cyd-dynnu gyda'i gwŷr; yn codi arian ar gyfer parseli bwyd; yn mynd i raliäu o gwmpas y wlad; yn dyst i'r trais ar y llinell biced a'r orymdaith emosiynol yn ôl i'r gwaith. Dioddefodd teuluoedd dros eu credoau. Ond gorchfygwyd y glowyr. Roedden nhw'n gweithio am yr hawl i weithio mewn diwydiant ac iddo ddyfodol tymor hir. Talwyd y pris eithaf. Cawsant eu dinoethi o'u balchder a rhwbiwyd eu trwynau yn y baw. Llwyddodd y Llywodraeth Geidwadol i ddymchwel y diwydiant glo. Gallwn ni i gyd fod yn falch ein bod yn Brydeinwyr.

Sut y galla i ddangos fy nghefnogaeth i'r glowyr. Yn ogystal â gwneud elw ariannol, cefais lawer o gydnabyddiaeth am fy lluniau moel o'r cymunedau glofaol. Fy swydd oedd arsylwi a chofnodi, nid cymryd rhan. Ond bu i rai o'r digwyddiadâu y bum yn dyst iddynt aros yn hir yn y cof.

Streic y glowyr oedd uchafbwynt fy ngwaith yn y cymoedd, er iddi ragflaenu'r digwyddiadau a gofnodwyd tua diwedd yr wythdegau. Ychydig a wyddwn y byddai fy ymweliad â Phwll De Celynen ger Trecelyn ym mis Rhagfyr 1983 yn gychwyn ar berthynas a dealltwriaeth am bwnc a fyddai'n prysur ddiflannu o flaen y camera. Roedd y glowyr mor gyfeillgar; bob amser yn barod eu cymwynas. Fe'm cyflwynwyd i swyddogion yr undeb yn y pwll heb wybod y byddwn ymhen rhai blynyddoedd yn tynnu eu llun ar y llinell biced o gwmpas y wlad. Trodd y wynebau llychlyd llon yn wynebau glân dig. Bu'n addysg i mi weld anghydfod diwydiannol ac iddo arwyddocâd hanesyddol dwfn yn datgelu'i hun o flaen y camera. Pan ddechreuais gofnodi hanes y diwydiant,

roedd tri phwll ar ddeg ar hugain ym Maes Glo De Cymru.

Dechreuodd pesimistiaeth ddod i'r amlwg pan gyhoeddwyd cau Pwll Tymawr-Lewis Merthyr. Aeth glowyr De Cymru ar streic i gefnogi swyddi eu cyd-lowyr ond ni chafwyd cefnogaeth y pyllau glo eraill. O ganlyniad, caewyd y pwll a chynigiwyd taliadau diswyddo neu swyddi mewn pyllau eraill i'r glowyr hynny oedd am aros yn y diwydiant.

Yn ystod y blynyddoedd nesaf adlewyrchwyd digalondid y cymunedau glofaol yn y cynlluniau i gau mwy o byllau a dilyn tynged Pwll Tymawr-Lewis Merthyr. Gwelwyd yr olwynion ar ben y pyllau yn sefyll yno'n falch, ond yn llonydd. Cafodd y siafftiau a arferai gludo degau o filoedd o dunelli glo i'r wyneb eu llanw â gwastraff. Ni welid mwyach olau lamp y glowyr wrth iddynt ddod o'r caets ar ddiwedd sifft brynhawn. Câi'r cellwair a'r sgwrsio eu boddi gan sŵn tryciau'n gollwng eu sbwriel i lawr y siafft, gan gau pen y mwdwl yn boenus o araf ar bennod arall yn y llyfrau hanes. Yn annhebyg i bron bob pwll arall i wynebu'r un dynged, trowyd pwll Lewis Merthyr yn amgueddfa. Rhoddwyd cot o baent ar yr adeiladau, yr olwyn fawr ac unrhyw beth arall a safai'n llonydd. Ymwelwyr yw'r glowyr newydd, yn awyddus i gael golwg sydyn ar y gorffennol. Pwyntia goleuadau llachar at ben y pwll - yn union fel set Hollywood. Caiff yr ymwelwyr eu hudo gan yr efelychiadau dan ddaear a'r triciau gweledol a chlywedol. Saif delwau â dillad brwnt, carpiog amdanynt yn eu llwybr. Y mae, yn wir, yn daith anhygoel yn ôl i'r gorffennol, er iddo gael ei dwtio ryw ychydig. Mae'r arogl chwys a llafur wedi hen fynd ond saif yr amgueddfa yno yn atgof ac yn symbol grymus o'r traddodiad Cymreig.

Mae'r tirlun yn araf adfer ei hen ogoniant: mae'r tomennydd glo wedi'u gwastatáu ac mae glaswellt bellach yn gorchuddio'r llethrau a gloddiwyd a'r gwastraff a ollyngwyd yn dwmpathau simsan ar yr wyneb fel cornwydydd hyll. Diflannu wnaeth y cysgodion hir dros y tai teras ar noson o haf. Gall y trigolion yn awr edrych i fyny a gweld yr awyr, er ei

'Here we go...here we go...here we go...' *Cân y glowyr*

bod fel arfer yn llwyd. Dyn a ŵyr sut y caniatawyd i domennydd glo gael eu codi mor agos at dai ac ysgolion. Gallai trychineb ddigwydd ar unrhyw adeg a dyna ddigwyddodd. Roedd plant a oedd ar eu ffordd i'r ysgol ym mhentref bychan Aberfan ar fin cael eu claddu o dan filoedd o dunelli o slyri o'r domen lo unchlaw. Mae'n wyrth i neb ddod allan o'r llif o laid ond fe fu rhai plant byw. Yn anffodus, bu farw 144 o bobl, yn blant ac yn oedolion, ar y bore oer hwnnw ym mis Hydref 1966.

Mae'n ymddangos na fu'r tomennydd gwastraff erioed yn fater o bwys i'r Bwrdd Glo wrth iddynt grynhoi eu cyfoeth ar y ffas lo. Ychydig a wyddai'r glowyr hynny ym mhwll cyfagos Merthyr Vale y byddai'r sifft fore yn codi o ddyfnderoedd y gwythiennau glo bras i dynnu eu plant o'r llaid. Symudodd y domen lo ar y fath gyflymdra nes dinistro popeth o'i blaen. Yr ysgol ar waelod y domen oedd canolbwynt y lladd a'r dinistr. Mae'r rhesi o gerrig beddau ym mynwent y pentref yn symbol o'r bywyd a gollwyd. Mae'r tristwch yno yn llethol. Saif ffotograffau'r plant i'n hatgoffa ni o'r drychineb a syfrdanodd y byd.

Mae trigolion Aberfan yn dal i alaru yn eu calonnau. Euthum i'r pentref ar drywydd stori yn 1983 a chael yno awyrgylch oeraidd. Does neb am siarad am y drychineb. Penderfynais mai priodol fyddai peidio â chynnwys lluniau o'r drychineb yn y llyfr hwn, fel arwydd o barch. Roedd y ganolfan hamdden a godwyd wrth ymyl yr ysgol yn arwydd positif fod yr arian a gasglwyd yn rhan o'r gronfa apêl wedi bod o gymorth i'r gymuned leol adfywio ei hysbryd creithiog a blinderog. Trychineb Aberfan oedd un o'r ychydig ddamweiniau glofaol a ddigwyddodd y tu allan i bwll glo. Digwyddai'r rhan fwyaf o'r damweiniau gannoedd o droedfeddi o dan y ddaear. Roedd marwolaethau'n gyffredin yn y diwydiant glo. Byddai marwolaeth unigolion, yn ogystal â damweiniau yn y pwll, yn gyrru ias drwy'r cymunedau glofaol. Byddai pob cartref yn teimlo'r boen a'r trallod o glywed sŵn yr hwter. Ac yna'r newydd am y glowyr a fu farw, yn ddadau ac yn feibion, yn ddynion ac yn fechgyn. Yn

ystod y ganrif ddiwethaf, doedd diogelwch ddim yn air cyfarwydd i berchenogion y pyllau. Taniai'r fflamau noeth y nwyon peryglus yng nghrombil y ddaear. Gwaith Gwasanaeth Achub y Pyllau oedd dod o hyd i'r cyrff a orweddai gannoedd o droedfeddi o dan ddaear. Llwyddai rhai i oroesi ergyd y danchwa, y to yn disgyn neu effaith nwyon peryglus. Lleiafrif oedden nhw fodd bynnag. Aelodau gwirfoddol oedd yn y timau achub yn bennaf. Byddai glowyr a weithiai'n arferol mewn pwll yn mynd i Orsaf Achub i ddysgu sgiliau achub. Byddai gorsafoedd achub nid yn unig yn gwasanaethu pyllau'r Bwrdd Glo ond hefyd y pyllau preifat bychan niferus ym Maes Glo De Cymru. Roedd gorsaf o'r fath yng Nghrymlin yng Ngwent. Daethai glowyr a wirfoddolai i hyfforddi yn yr orsaf hon o byllau cyfagos gan gynnwys De a Gogledd Celynen, Marine, Oakdale, Blaencychan a Britannia. Lleolwyd gorsafoedd eraill yn y Porth yn y Rhondda a Thondu, ger Pen-y-bont ar Ogwr. Roedd y cwrs y dewisodd y glowyr ei astudio yn cynnwys gwaith theori, damweiniau efelychiadol, cymorth cyntaf a ffitrwydd. Roedd y gwaith yn galed a golwg wedi llwyr ddiffygio ar wynebau'r dynion ar ôl cwblhau'r prawf i gwrdd â'r safonau uchel. Roedd cael hyn oll ar ffilm yn anodd. Byddai'r sesiynau hyfforddi yn cael eu cynnal mewn twnnel a adeiladwyd yn yr orsaf achub i efelychu siafft. Yn ogystal â bod yn fach, roedd hefyd yn dywyll fel y fagddu. Roedd yr anawsterau technegol a gawn o gael y ffocws iawn a symud o gwmpas y twnnel yn amlwg, er nad oedd gennyf y broblem o gario offer anadlu fel gweddill aelodau'r tîm achub.

Amodau llaith a gwlyb oedd sylfaen y cwrs hyfforddi ar ffitrwydd. Câi ystafell ei gwresogi i dymheredd dros gant gradd Fahrenheit cyn y byddai gofyn i'r tîm wneud cyfres o ymarferion yn gwisgo offer anadlu. Ar waliau'r orsaf achub roedd yna luniau ingol i'w hatgoffa am drychinebau a fu a pha mor beryglus yw'r diwydiant glo. Dydy'r frawdoliaeth a geir ymhlith glowyr ddim yn bod mewn diwydiannau eraill ac ategai gwirfoddolwyr timau achub y pyllau yr angen

'Ysgol wedi'i chladdu o dan domen lo yn Aberfan'

am gymorth mewn cyfyngder. Yng nghefn eu meddwl, fodd bynnag, mae'n siŵr y llechai'r gobaith na chaent byth eu galw i ddamwain mewn pwll glo. Wedi'r cyfan, mae gan y diwydiant record ddifrifol o ddamweiniau angheuol drwy gydol ei hanes. Hyd yn oed gyda thechnoleg fodern, byddai bywydau dynion yn dibynnu ar waith tîm a'r caneri a gâi ei ollwng i waelod y pwll i brofi'r lefelau nwy. Byddai pob pwll yn cadw dau ganeri rhag ofn y byddai ffrwydrad o dan ddaear. Caent eu bwydo'n dda a rhoddid pob gofal posib iddynt. Y gobaith oedd na fyddai byth mo'u hangen i brofi presenoldeb nwyon peryglus.

Yn y blynyddoedd mwy diweddar bu'r ystadegau yn fwy cadarnhaol. Er y bu damweiniau cyson ar hyd yr adeg ni chafwyd trychinebau mawr ym Maes Glo De Cymru er y chwedegau. Yn 1965, ym mhwll y Cambrian, Dyffryn Clydach, Rhondda Fawr, lladdwyd tri deg un o ddynion mewn tanchwa fawr.

Roedd ymweld â'r pyllau glo a'r cymunedau o'u cwmpas yn brofiad bythgofiadwy i mi. Dyma holl sylfaen fy ngweledigaeth. Roedd cael fy nghwmpasu gan y baw a'r llwch a drawsnewidiai gwedd y dynion a lafuriai i gael gafael ar y tanwydd ffosil hwn yn gefnlen wych i ardal wedi'i thrwytho mewn chwedloniaeth a dirgelwch. Ond rydw i hefyd yn cofio boreau oer y gaeaf pan oedd hi'n anodd mesur y golau i ddal llun o'r dynion yn rhuthro allan o'r caets i gyrraedd y cawodydd ym mhen y pwll. Mae llawer o sefyllfaoedd yn amhosibl eu dal ar ffilm. Ffurfiai'r egni a grëid gan realiti bywyd lun cuddiedig cyffyrddadwy. Bûm yn dyst i fywydau pobl a oedd ar fin cael eu gweddnewid. Roedd cyfeillgarwch ac undod cymunedau'r cymoedd ar fin cael eu profi i'w heithaf wrth i'r streic nesáu. Roedd llawer o greithiau'r gorffennol i'w hailagor. Cyfoeth y meistri glo a fu'n gyfrifol am reoli'r diwydiant a'i amodau gwaith a chyflog sâl yn y gorffennol. Y Llywodraeth Geidwadol, gyda Margaret Thatcher yn ben arni, ynghyd â Chadeirydd y Bwrdd Glo Cenedlaethol, Ian MacGregor, oedd i ddinistrio'r diwydiant a'i weithlu oedd yn prysur leihau. Er i'r diwydiant gwladol gyf-

lwyno gwell amodau, gwelwyd y rhod yn troi unwaith eto gyda phreifateiddio ar y gorwel. Roedd pyllau aneconomaidd neu wythiennau glo hesb bob amser o dan fygythiad. Roedd hyn yn wir o dan lywodraethau Llafur a Cheidwadol fel ei gilydd.

Ni ddylai pyllau a gynyddodd eu cynnyrch byth fod wedi'u cau. Cefnogwyd y safbwynt hwn gan Phillip Weekes, Cyfarwyddwr y Bwrdd Glo Cenedlaethol, Rhanbarth De Cymru, yn yr wythdegau.

Ar 6 Mawrth 1984, yn dilyn y cyhoeddiad y byddai rhagor o byllau'n cau, galwodd Arthur Scargill, arweinydd Undeb Cenedlaethol y Glowyr, ei ddynion allan ar streic. Roedd Ian MacGregor wedi llwyddo yn ei nod. Y flwyddyn cyn hynny, etholwyd y Llywodraeth Geidwadol gyda mwyafrif o 141 o seddau ac, yn ychwanegol at hynny, roedd tomennydd o lo wedi'u pentyrru yn y gorsafoedd pŵer yn barod am y streic. Doedd MacGregor a gafodd ei lysenwi'n 'fwyellwr y diwydiant dur', na Margaret Thatcher chwaith, ddim yn barod i golli'r streic hon, pa hyd bynnag y byddai'n rhaid dal ati i ladd ysbryd y glowyr. Doedd glowyr De Cymru ddim yn mynd i ildio'n hawdd chwaith, ac roedd eu safiad yn adlewyrchu'r frawdoliaeth a fu'n nodwedd o hanes y diwydiant glofaol yng Nghymru. Aeth rhai glowyr yn ôl i'r gwaith ond mae'n bwysig nodi, rydw i'n credu, y bydd y dynion hynny wedi'u creithio am byth yn eu cymunedau clòs. Anobaith a'u gyrrodd yn ôl a chred na allai Scargill ennill mwyach. Roedd streic y glowyr 1984/85 yn bennod o'm gwaith fel ffotograffydd nad anghofiaf byth, a minnau'n teithio i'r cymoedd i ddal ffraethineb bywiog y glowyr a oedd fel pe bai wedi'i gelu gan ymdeimlad o anobaith. Roeddent yn ymladd am eu credoau, yr hawl i weithio, ond yn eu herbyn roedd peirianwaith pwerus y llywodraeth.

Taenwyd propaganda gan y llywodraeth yn y cyfryngau a bortreadai'r glowyr fel 'y gelyn oddi mewn'.

Anogwyd glowyr i ffonio llinell gymorth arbennig i'w hannog i fynd yn ôl i weithio. Yn ystod y streic, doedd dim posib cynhyrchu glo yn Ne Cymru am mai dyrnaid

'Mae rhannau o'r cymoedd bellach yn beryglus i fynd iddynt'

yn unig a ddychwelodd i'w gwaith. Gelwid hwy yn fradwyr neu 'scabs' - gair a ddefnyddiwyd yn helaeth yn ystod streiciau diwydiannol blaenorol.

Cofiaf ymuno â llinellau piced y tu allan i nifer o byllau wrth i'r streic fynd yn ei blaen. Er mwyn rhwystro ail reng o bicedu, caewyd y ffyrdd a arweiniai at y pyllau gan yr heddlu. Bu'n rhaid i mi felly gerdded dros y mynyddoedd yn oriau mân y bore er mwyn cyrraedd y llinell biced mewn pryd i dynnu llun o'r sifft chwech y bore yn cael eu rhuthro drwy'r llinell biced mewn faniau gyda'r heddlu yn eu tywys i mewn. Doedd yr amodau ddim bob amser yn ddelfrydol i dynnu lluniau, gyda'r glaw yn pistyllu a'r dwylo'n rhynnu gan oerfel y gaeaf. Yn ogystal â hyn, byddai'n rhaid i mi ymdopi â'r gwthio pan âi'r faniau heibio. Defnyddiai'r heddlu dactegau a oedd yn ymddangos yn greulon ar adegau, gan ymddwyn yn ymosodol nid yn unig tuag at y picedwyr ond hefyd at y ffotograffwyr drwy eu rhwystro rhag tynnu lluniau. Sawl tro, cefais fy llusgo oddi yno a cheisiwyd cipio fy nghamera. Yn ffodus, roeddwn yng nghanol glowyr cyfarwydd a gwnaethant eu gorau i sicrhau na fyddwn yn cael unrhyw niwed.

Bu cyfrinfeydd Undeb Cenedlaethol y Glowyr yn dda i mi gan ddatgelu eu cynlluniau fel y gallwn fod yn y safle gorau i dynnu lluniau. Ar ôl ychydig ddyddiau o dynnu lluniau da, sylweddolodd yr heddlu fy mod yn cael gwybod am eu cynlluniau ymlaen llaw. Ble bynnag y safwn i, felly, y byddai'r cyfan yn digwydd. Ailymddangosodd y ceginau cawl o dudalennau'r llyfrau hanes. Gweithiodd gwragedd y glowyr yn galed i fwydo eu teuluoedd yn y canolfannau bwydo yn neuaddau lles y glowyr. Y neuaddau oedd canolbwynt y cyfarfodydd niferus a gynhaliwyd i drafod cynlluniau a strategaethau ac i ddosbarthu parseli bwyd. Cafodd y glowyr gefnogaeth aruthrol, gydag arian yn dod o bob cwr o Brydain ac Ewrop.

Nadolig 1985, mae'n debyg, oedd y mwyaf cofiadwy i'r glowyr a'u teuluoedd. Er bod eu tai yn cael eu hadfeddiannu, oherwydd eu dyledion, llwyddwyd i roi Nadolig bythgofiadwy i'w plant gyda'r cyfraniadau hael o deganau a lifai i mewn i'r canolfannau dosbarthu. Daeth y cymunedau at ei gilydd pan oedd eu hangen ar ei fwyaf.

Ychydig fisoedd yn ddiweddarach, tynnais lun glowyr Pwll y Maerdy yn gorymdeithio yn ôl i'r gwaith. Roedd hi'n achlysur dwys a thrist iawn. Yno i'w cefnogi oedd y band pres lleol ac aelodau o undebau llafur eraill a weithiodd mor galed i gasglu arian iddynt yn ystod y streic. Wylai gwragedd y glowyr wrth i'r dynion sefyll o'r neilltu i ddangos eu cymeradwyaeth iddynt am eu cadernid a'u cefnogaeth. Roedd y streic ar ben, ond ni wnaed unrhyw gytundeb rhwng yr Undeb a'r Llywodraeth. Er bod y trafodaethau i barhau, roedd y glowyr wedi'u gorchfygu. Roedd eu tynged bellach yn nwylo'r blaid geidwadol; plaid nad oedd ganddi unrhyw gydymdeimlad â'r glowyr ac a fyddai mewn grym am flynyddoedd i ddod. O un i un, clywyd am y pyllau'n cau ar y newyddion. Caewyd hyd yn oed y pyllau a lwyddodd i wthio'u lefelau cynnyrch i'r eithaf a phyllau a oedd gynt yn gwneud colled ond bellach yn gwneud elw. Roedd yn ymddangos yn greulon ac yn annheg, ond fyddai'r pyllau hyn byth mwyach yn codi glo o dan y ddaear.

Y ddadl bob amser gyda glo gorau Cymru oedd na ellid darganfod y farchnad i gynnal y lefelau uchel o gynnyrch. Mae hyn yn ddatganiad rhyfedd, yn enwedig o weld prydferthwch y tirlun yn cael ei rwygo eto gan weithfeydd glo brig. Bydd cynlluniau i ddatblygu safleoedd ar y brig gogleddol yn caniatáu i lo Cymru gael ei gloddio ar raddfa fwy o faint. Bydd effaith y cynlluniau hyn ar dopograffi'r tirlun yn andwyol. Er y bydd y tir yn cael ei ddatblygu ymhen rhai blynyddoedd, bydd y coedwigoedd naturiol a'r afonydd a'u glannau yn cael eu dinistrio am byth. Ychydig lathenni o'r pwll olaf ym Maes Glo De Cymru, sef y Tower ger Hirwaun, mae gwaith glo brig. Dyma ddangos yn eglur y gwahaniaeth yn nhechnegau cynhyrchu glo.

Rhoddwyd y pyllau dwfn sy'n weddill yng Nghymru ar y farchnad stoc. Y Tower yn y de a Point of Ayre yng ngogledd Cymru yw'r unig ddau sydd ar ôl sy'n gweithio. Er i Point of Ayre gael ei brynu gan grŵp mwyngloddio

'Yn 1947 crewyd diwydiant glo gwladol ym Mhrydain Fawr'

RJB, prynwyd y Tower gan y gweithwyr eu hunain. Mae'r glowyr hyn yn cynrychioli'r degau o filoedd o ddynion a wnaeth glo yn holl bwysig. Glowyr y Tower yw'r ychydig rai sydd â dyfodol disglair a llewyrchus o'u blaenau yn y diwydiant: am y dyfodol agos o leiaf. Y maent bellach yn berchen ar eu pwll eu hunain; y freuddwyd a grewyd gan Cecil Parkinson, gweinidog y Llywodraeth Geidwadol dros Ynni. Onid oedd ganddo bob pwll mewn golwg, serch hynny, nid dim ond yr un. Er y bu llawer o newid yn y cymoedd yn ystod y degawd diwethaf, mae'r awydd i'w crwydro i chwilio am luniau newydd yn dal i'm cyffroi. Gwnaed newidiadau cosmetig i orchuddio'r hen byllau ac yn eu lle mae unedau ffatrïedd, llawer ohonynt yn wag. Mae'r cwmnïau sydd wedi mentro i mewn i'r cymoedd, fodd bynnag, yn cynnig yr hyn y mae ei wir angen arnynt, sef gwaith. Diflannu am byth wnaeth y diwydiannau trwm ac yn eu lle daeth diwydiannau technolegol ysgafn i gynnig gwaith; gwaith y mae menywod yn fwy addas i'w wneud. Mae rôl y dyn wedi'i thrawsnewid yn llwyr yn ystod yr ychydig flynyddoedd diwethaf. Mae diweithdra yn rhemp ymysg dynion ifanc. Mae effaith colli cyflogwr mawr fel y diwydiant glo yn sicr o gael ei deimlo ar draws cymunedau'r cymoedd. Mae siopau bach yn ei chael hi'n anodd i gadw ar agor wrth i foethau gael eu hepgor o'r neges siopa. Brwydr arall yw honno yn erbyn yr archfarchnadoedd mawr a'u prisiau is. Mae neuaddau'r glowyr yn cau wrth i'r tanysgrifiadau wythnosol ddarfod gyda chau'r pyllau. Yno, gynt, byddai'r undeb llafur yn trefnu gweithgareddau megis Will Painter ac Arthur Horner yn dadlau rhwng y da a'r drwg mewn athroniaeth wleidyddol; aros am y bwldoser y mae llawer ohonynt erbyn hyn i ddymchwel eu muriau cysygredig. Gwelir ceir, wedi'u dwyn a'u llosgi, ar hyd y llethrau a chlywir geiriau newydd yn yr eirfa. Mae gennym 'joy riders' a 'ram- raiders' ymhlith ein pobl ifanc ni heddiw. Hawdd yw dwyn i gof y dynion yn loetran ar gorneli strydoedd. Yn ein dyddiau ni, fodd bynnag, gwelir merched yn ogystal â bechgyn yn sefyllian o gwmpas. Trawsnewidiwyd tiriogaeth y dyn mewn sawl ffordd.

Mae byd o wahaniaeth rhwng y siroedd llewyrchus o gwmpas Llundain a de ddwyrain Lloegr a chymunedau'r cymoedd. Mae addysg yn faes lle mae angen dybryd am arian i adfywio cenedlaethau'r dyfodol fel y gall pobl y cymoedd fod mor llewyrchus eu byd â'r rheiny yn ne Lloegr. Nid cynlluniau dros dro, megis yr ŵyl erddi genedlaethol a barodd am un haf yn unig, sydd eu hangen arnynt. Swyddi real a fydd yn creu'r cyfoeth i wella eu byd sydd eu hangen. Maent am fod yn falch o'u cenedlaetholdeb, yn falch o'u cymunedau ac maent am glywed tinc barddonol yr iaith Gymraeg ar wefusau'r to newydd o blant sy'n codi; bydd hyn oll yn arwydd o adfywiad a hunaniaeth Cymoedd De Cymru.

Bu'r deuddeng mlynedd diwethaf y bûm wrthi yn casglu lluniau ar gyfer y llyfr hwn yn addysg i mi. Bydd gennyf atgofion lawer am bobl gyfeillgar a balch y cymoedd y deuthum ar eu traws. Rydw i'n falch fy mod yn hanu o Gymoedd De Cymru a bu'n fraint i mi fod yn dyst i gyfnod a welodd newidiadau mor bwysig yn niwylliant fy ngwlad.

Edrychaf ymlaen at gynhyrchu cyfres newydd o luniau o'r cymoedd a fydd yn sicr o adlewyrchu cymuned a fydd wedi'i gweddnewid yn llwyr. Ond nid anghofiaf byth am fy mhrofiadau yng nghwmni'r glowyr a'r fraint o gael anelu fy nghamera atynt yn llafarganu 'miners united, they will never be defeated'.

Roger Tiley

Bu farw 116 o blant a 28 o oedolion yn nhrychineb Aberfan

● Ammanford

● Ystradgynlais

● Glynneath

● Pontardawe

■ Blaenant

● Neath

■ Swansea

● Port Talbot

Porthcawl

Bristol Channel
Môr Hafren

● Ebbw Vale

● Merthyr Tydfil

■ Tower ● Aberfan
■ Rose Heyworth
■ Six Bells
■ Merthyr Vale ■ Marine

● Maerdy ● Aberdare
■ Maerdy Colliery ■ Penrhiwceiber ■ Taff Merthyr
■ Markham

● Bargoed
■ Penallta ■ Blaenserchan

■ Oakdale ■ Celynen North
● Newbridge

■ Lady Windsor ■ Celynen South

■ Tymawr - Lewis Merthyr
■ Bedwas

■ Blaengarw ● Pontypridd ■ Deep Navigation ● Crosskeys

● Maesteg
■ St. Johns ■ Nant Garw

Newport ●

Cardiff ●

Barry ●

The collieries listed below, were photographed by Roger Tiley. Not all of them are visually represented in this book, as the photographs were carefully selected, to give the strongest representation of the valleys and the people who live in them.

Tynnwyd lluniau'r pyllau glo a restrir isod gan Roger Tiley. Nid yw pob un ohonynt yn ymddangos yn y llyfr hwn gan y dewiswyd y lluniau'n ofalus i gynrychioli'r portread mwyaf grymus o'r cymoedd a'u trigolion.

Ammanford	Rhydaman
Swansea	Abertawe
Glynneath	Glyn-nedd
Neath	Castell-nedd
Aberdare	Aberdâr
Ebbw Vale	Glyn Ebwy
Newbridge	Trecelyn
Newport	Casnewydd
Cardiff	Caerdydd
Barry	Y Barri

"Men are cheap, but you have to buy horses..." anon
"Mae dynion yn rhad, ond mae'n rhaid prynu ceffylau..." anhysbys

1856
 Cymmer
114 dead

1860
 Risca
146 killed

1867
 Ferndale
178 killed

1878
 Abercarn
268 died

1880
 Risca
146 killed

1890
 Llanerch
176 died

1892
 Parc Slip
112 died

1894
 Cilfynydd
276 dead

1905
 Wattstown
119 killed

1913
 Sengenydd
436 dead

1856 Cymmer 114 yn farw

1860 Risca 146 wedi'u lladd

1867 Ferndale 178 wedi'u lladd

1878 Abercarn 268 yn farw

1880 Risca 146 wedi'u lladd

1890 Llannerch 176 yn farw

1892 Parc Slip 112 yn farw

1894 Cilfynydd 276 yn farw

1905 Wattstown 119 wedi'u lladd

1913 Senghennydd 436 yn farw

'School engulfed by coal tip at Aberfan' *Merthyr Express* 1966
'Yr ysgol wedi'i chladdu o dan domen lo yn Aberfan' *Merthyr Express* 1966

page number

page number

front cover
Blaenant, West Glamorgan

page 4
Demonstration, Cardiff

page 6
Neil Kinnock, Pontllanfraith, Gwent

page 8
Miner, Maerdy Colliery

page 23
Graveyard, Porth, Rhondda Valley

page 83
Celynen South Colliery, Gwent

back cover
Roger Tiley, Blaenant Colliery

"Keep my Dad's pit open" *young protester, Cardiff 1984*

"Cadwch bwll 'Nhad ar agor" *protestiwr ifanc, Caerdydd 1984*

the **p** *hotographs*   y

ffotograffau

**Forest fire, Crosskeys,
Gwent. 1982.**
*As well as the rich coal
seams deep under the
valleys, the mountains
climbing high above the
villages have proved to be
lucrative, with acres of
forestry covering the
hillsides.*

27

New Tredegar, Rhymney
Valley. 1990.

(insert, right) **Carmel Chapel, Abercrave,**
Swansea Valley. 1991.

28

Celynen North Colliery, 1987.
The pit was demolished in 1989.

***Miners coming off an afternoon
shift, 1982.*** *(insert, left)*

29

Fitting shop, Maerdy
Colliery, Rhondda Fach,
1986.

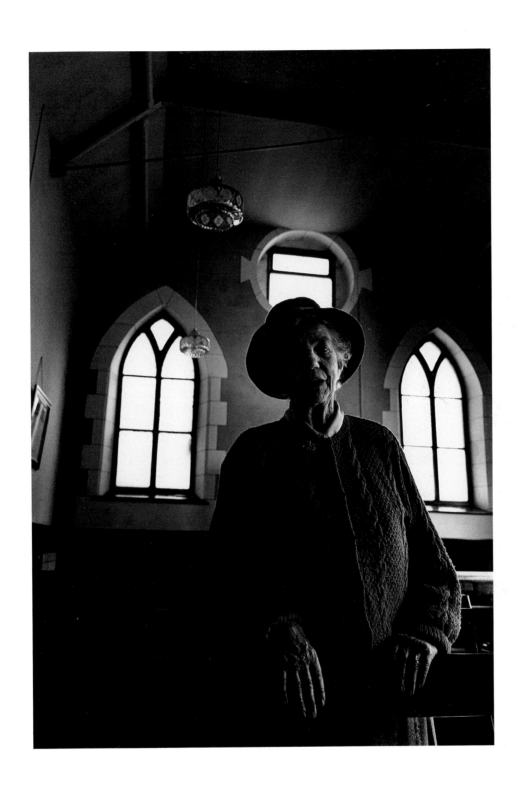

Chapel, Hafodrynys,
near Pontypool.

32

Albert Coles, Abercarn, 1983.
Albert Coles witnesses the
demolition of the old miners'
two up - two down dwellings.

Celynen South Colliery, 1982.
*Miners waiting to go underground
to start their afternoon shift.*

Celynen South Colliery, 1983.
Miners emerging in the cage,
from underground at the end of
the morning shift.

Sunday School, Tabernacle
Chapel, Ystradgynlais, 1991.
The long tradition of religion
carries on in the tightly knit
communities of the Swansea Valley.

Miners' cottages,
near Abersychan, 1985.

Fitting shop, *(insert, right)*
Celynen South Colliery,
1982.

36

Penrhiwceiber, Cynon Valley, 1985.
The local community feeling the effects of their pit closing, face-on. The spending power of ex-miners has drastically decreased, with subsequent effects on the local economy.

Griffin Private Mine, Abersychan,
near Pontypool, 1985. (insert, left)

Miners emerging from the cage, Celynen South Colliery, 1983.

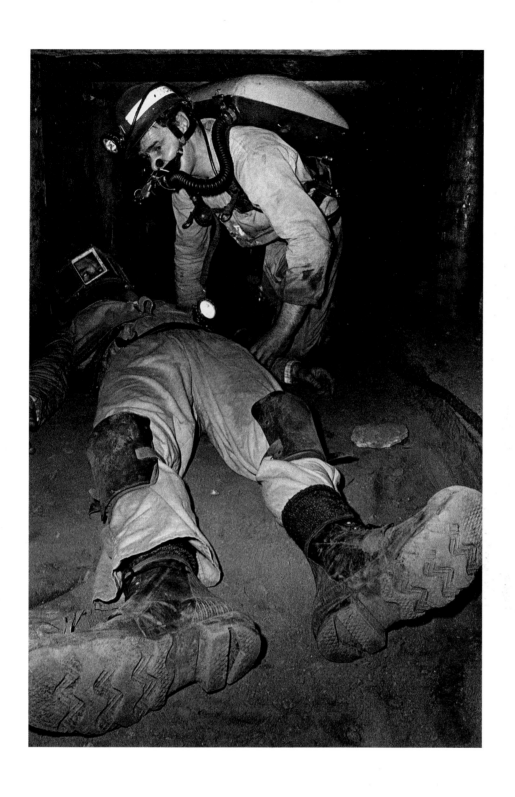

Mines Rescue Station, Crumlin, Gwent, 1983.
Miners training in a simulated accident underground.

Mr Prichard, Tabernacle Chapel, Ystradgynlais, 1991. *Preparing for the Sunday evening service.*

Cwmcarn Scenic Drive, Gwent, 1986. *(right, insert)* *The former site of Cwmcarn Colliery, now transformed into a tourist attraction and a forest drive. People travel from all over the world, to experience the countryside.*

40

Broken machinery being repaired.
Old techniques were still in use
during the early 1980s. The skills
of craftsmen were common in
collieries.
A blacksmith was part of the team
in many pits.

*Pentecostal Chapel, Fochrhiw,
Rhymney Valley, 1991.*
*The congregation is limited to a
handful of worshippers. The
demand for the traditional
approach of religion is
diminishing in the valleys.*

42

Mines Rescue Station.
Mines Rescue crews went through
a gruelling training programme
to enable them to achieve fitness
and gain the necessary skills to
tackle a variety of situations.

A rescue simulation at the
Crumlin Mines Rescue Station,
Gwent, 1983. *(left, insert)*

**Miner, Maerdy Colliery,
Rhondda Fach.**
Maerdy Colliery was the last
working deep mine in the famous
coal producing Rhondda Valley.
Once it boasted of over fifty pits,
but the long tradition associated
with coal ended in 1986 with the
closure of Maerdy Colliery.

Preacher, Rhymney Valley.

Cardiff Docks. *(left, insert)*
Along with Newport, Barry and Swansea, Cardiff was a hive of activity, exporting coal from the valleys to destinations worldwide. Although the docks are still in use for shipping, the area has been regenerated and developed as part of the Cardiff Bay project.

Griffin Private Mine, near Pontypool, 1985.

There are still a large number of private mines still working in the valleys. Many of them still use the simplistic approach.

The pick and spade still play their part in the Welsh coal industry. Even pit ponies are still used in some private mines.

Lewis Merthyr Colliery,
Trehafod, 1983. *(left, insert)*
Lewis Merthyr Colliery closed in
1983 and is now the focal point of
the Rhondda Heritage Park.

Maerdy Miners' Wives 1985.
Jumble sales were held to support
the miners during the year-long
miners' strike.

47

***Deep Navigation Colliery,
Treharris, 1986.***

*Deep Navigation Colliery was
looking forward to a prosperous
future, but this was not to be,
when the announcement was
made for it to join the casualty
list of the coal industry.*

*The pit closed, having a
detrimental affect on the local
community.*

48

Britannia Colliery, Bargoed,
Rhymney Valley, 1986.

Picket Line outside Port Talbot
Steel Works, 1984. (left, insert)
Miners picketed outside the steel
works, to stop coal being taken in,
to run the blast furnaces. Serious
confrontation between miners and
the police lead to many arrests.

Miners' Rally, Aberavon.
*During the year-long miners'
strike, rallies were held all
over the country. Arthur
Scargill, leader of the N.U.M.
was the focal point of many
standing ovations.*

Miners' soup kitchen, Newbridge.
Miners' wives' support groups were
set up to feed the striking miners
and their families.

Morning prayers, Rhymney Valley, 1991.

Chapel, Cwmfelinfach. (left, insert) *Arguably, the smallest chapel in Wales, used now as a tourist centre.*

52

***Edgar Williams and his Mother,
Crosskeys, 1985.***

*Edgar was an electrician at the
Celynen South Colliery, until its
closure in 1987.*

*Edgar now works as an electrician
in a local factory.*

Old Chapel hall, Cwmllynfell.

(right, insert) **Demolition of an old chapel, Ferndale, Rhondda Fach.**

54

Disused Chapel, Aberbeeg, Gwent.
Satellite dishes, with 24 hour channels, prove to be a stronger attraction than religion. It is estimated that one chapel is closing every week in Wales.

Miners' wives at a rally during the miners' strike, 1985.
The women of the valleys became politically astute, joining their husbands in securing a future for the mining communities.

Abandoned chapel, Penrhiwceiber,
Cynon Valley, 1991.

Grave yard, Porth, Rhondda Valley, 1992.
The new generation of valley people have an uncertain future in the small mining communities.

Penrhiwceiber Colliery, Cynon Valley, 1985. *(left, insert)*

58

Bedwas Colliery, Rhymney Valley.
Bedwas colliery closed in 1985.

Furnacite plant, Aberaman.
The furnacite plant closed as a result of colliery closures. Although a smaller plant is still in operation, the land remains derelict.

Griffin Private Mine, *near Pontypool, 1985.* (left, insert)

Coal washery, near Glynneath
in the Neath Valley.

**Miners' Flower Show, Crosskeys
1983.** (right, insert)
The Miners sponsored many local
events. The flower show was an annual
occurrence in the gardeners' calendar.
There are no pits left in the area now;
consequently, the flower show no
longer takes place.

61

Ferndale, Rhondda Valley.
Demolition of a chapel.

Penrhiwceiber, Cynon Valley,
Men stealing coal from a coal
wagon at the sidings of
Penrhiwceiber colliery. (left, insert)

Celynen South Colliery,
Newbridge, 1986.

Bedwas pit, Rhymney Valley, 1985.
Demolition worker dismantling the winding house.

Celynen South Colliery,
demolished after the year-long
strike.

Celynen South Colliery,
Newbridge, 1984.
Working miners breaking
through the picket line to
return to work. They were
known as 'scabs'. (right, insert)

65

Graveyard, Maesteg, 1991.

Swimming Baths, Aberfan 1985.
After the Aberfan disaster in 1966, a disaster fund helped to rebuild the community. Part of the proceeds were invested in building a community centre and swimming pool. (left, insert)

66

View overlooking the Rhondda Fach, 1987.
The Rhondda Fach and Fawr once had over fifty collieries. Now all the pits have disappeared, leaving the valleys with high unemployment amongst young males.

Children playing, Lady Windsor Colliery, Ynysybwl, 1985. *(right, insert)*

67

Abandoned church, Abergwynfi, 1992.

Open cast coal mine, near Aberdare, 1993. *(left, insert)*
Open cast coal extraction is common on the northern outcrop of the South Wales Coalfield. It is not very labour intensive, thus coal can be extracted on a cheaper and much larger scale, but at the cost of the landscape.

Abandoned chapel, Rhondda Fawr, 1992.

Watch strap factory, Rhondda Fach, 1992. (right, insert)
A larger percentage of women now work in the valleys. The heavy male-dominated industries have long-gone.

Blaenant Colliery, 1995.
*The lockers adjacent to the pit head baths,
are a reminder of an industry that employed
thousands of men.*
*Blaenant Colliery closed in 1991, despite the
miners success in making the pit profitable.
The reason for its closure, like many others,
was no market for Welsh coal.*
*Open cast mining is taking over the South
Wales countryside, on a vast scale. Suddenly,
now the coal industry is privatised, there are*
70 *plenty of markets.*

Queen Street, Pentre, Rhondda Fawr, 1995.
Community spirit still lingers on in the South Wales Valleys, where families enjoy the company of their neighbours.

Garn Chapel, Abercarn, 1991.
The last service was held at the
Garn Chapel before its closure in
1991. The Chapel was full and
had not witnessed a large
congregation for many years.
The 'Garn' has now been
demolished.

72

V.E. Day, 50 years on, Pentre, Rhondda Fawr, 1995.
Children of the Rhondda Valley look back on a day of celebration. Their future is uncertain, as they grow to face the realities of the changing Rhondda Valley.

Miner's lamp, 1982.

Blaenant Colliery, 1995

camera equipment

35mm Canon F1 / 50mm & 35mm lens *(pages 4, 6, 8, 23, 27, 28, 29, 30, 32, 33, 34, 36, 37, 38, 39, 41, 42, 43, 44, 46, 47, 48, 50, 51, 53, 56, 59, 60, 61, 63, 64, 65, 66, & 74).*
Bronica SQ / 80mm & 65mm lens *(pages 29, 36, 37, 40, 45, 47, 48, 49, 58, 63, 65, 67 & 83).*
Fuji 6x9 cm view finder / 65mm fixed wide angle lens *(pages 31, 35, 40, 42, 45, 52, 54, 57, 58, 62, 68, 69, 70, 71, 72, 73, 75 & front cover).*
5x4 field camera / 90mm wide angle lens *(pages 28, 52, 54, 55, 60, 61, 66, 67, 68 & 69).*

film

Kodak Tri-X 400 ISO 35mm and 120 roll film
processed in Kodak Microdol X developer
Agfa Pan APX 25 ISO 120
processed in Agfa Rodinol
Agfa Pan 100 ISO
processed in Agfa Rodinol

paper

Ilford Multigrade 10x8 inches
Agfa Record Rapid 20x16 & 16x12 inches

*I use Ilford Multigrade for contact and work prints. Agfa Record Rapid is used for exhibition printing. The tonal range is more subtle and the paper has the ability to change its character, with a variety of chemicals.
It also reacts to toners well, most notably selenium toner.
I use both, Ilford Multigrade and Agfa Record Rapid, Grade 2. This grade brings the best out of my style, at the taking stage and film development.
Flashing the paper before the actual image exposure also enhances the delicate tonal range.*

chemicals

Agfa Neutol WA
Agfa Neutol NE
Ilford PQ
Ilford Hypam Fixer
Kodak hypo clearing agent
Kodak rapid selenium toner*(I also mix my own chemistry from raw stock)*

I use a variety of developers with Agfa Record Rapid to change its appearance, one of my favourite being Agfa Neutol WA (creating warm tones). All my prints are fixed in Ilford Hypam fixer, washed and soaked in Kodak hypo clearing agent, ready for toning. The process is lengthy, but quality for the exhibition market is paramount.

"We're miners united, we'll never be defeated" **Miners chant**

cyfarpar camera

Canon F1 35mm /lens 50mm & 35mm *(tudalennau 4, 6, 8, 23, 27, 28, 29, 30, 32, 33, 34, 36, 37, 38, 39, 41, 42, 43, 44, 46, 47, 48, 50, 51, 53, 56, 59, 60, 61, 63, 64, 65, 66, a 74).*
Bronica SQ / lens 80mm & 65mm *(tudalennau 29, 36, 37, 40, 45, 47, 48, 49, 58, 63, 65, 67 a 83).*
Fuji cyfeiriwr 6x9cm / lens ongl lydan sefydlog 65mm *(tudalennau 31, 35, 40, 42, 45, 52, 54, 57, 58, 62, 68, 69, 70, 71, 72, 73, 75 a'r clawr blaen).*
Camera maes 5x4 / lens ongl lydan 90mm *(tudalennau 28, 52, 54, 55, 60, 61, 66, 67, 68 a 69).*

ffilm

Kodak Tri-X 400 ISO 35mm a ffilm rôl 120
wedi'i brosesu mewn datblygwr Kodak Microdol X
Agfa Pan APX 25 ISO 120
wedi'i brosesu mewn Agfa Rodinol
Agfa Pan 100 ISO
wedi'i brosesu mewn Agfa Rodinol

papur

Ilford Multigrade 10x8 modfedd
Agfa Record Rapid 20x16 a 16x12 modfedd

Defnyddiaf Ilford Multigrade ar gyfer printiau cyswllt a phrintiau gwaith. Defnyddiaf Agfa Record Rapid ar gyfer printiau i'w harddangos. Mae amrywiaeth y tôn yn fwy cynnil ac mae gan y papur y gallu i newid ei natur o ddefnyddio gwahanol gemegion. Mae hefyd yn adweithio i donyddion yn dda, tonydd selenium yn arbennig.
Defnyddiaf Ilford Multigrade ac Agfa Record Rapid, Gradd 2. Dyma'r radd sy'n gweddu orau i'm harddull i, wrth dynnu'r llun ac wrth ei ddatblygu. Mae fflachio'r papur cyn i'r llun gael ei amlygu yn ymestyn amrywiaeth y tôn.

cemegion

Agfa Neutol WA
Agfa Neutol NE
Ilford PQ
Ilford Hypam Fixer
Hylif clirio hypo Kodak
Tonydd seleniwm cyflym Kodak *(rydw i hefyd yn cymysgu fy nghemegion fy hun)*

Rydw i'n defnyddio llawer o ddatblygwyr gydag Agfa Record Rapid i newid ei olwg. Un o'm hoff rai yw Agfa Neutol WA (sy'n creu tonau cynnes). Mae fy holl brintiau yn cael eu sefydlogi mewn sefydlogwr Ilford Hypam, maent yn cael eu golchi a'u mwydo mewn hylif clirio hypo Kodak, yn barod ar gyfer y tonydd. Mae'n broses hir ond mae'n holl bwysig fod y lluniau o'r ansawdd gorau posib ar gyfer eu harddangos.

"We're miners united, we'll never be defeated" **Llafargan y glowyr**

Roger Tiley was born in South Wales in 1960.

employment

Industrial photographer for Lucas Industries	1978 - 82
Freelance photographer working for national newspapers & magazines	1984 - 88
Part time & visiting lecturer	1986 - 88
Full time lecturer & photographer	1988 - present

awards and bursaries

Artist in Residence, Llanedeyrn High School, Cardiff *(S.E.W.A.A.)*

Commissioned to photograph Artists in Residence around Wales

Young Artists Award *(Arts Council of Wales)*

'Valleys Project', Ffotogallery, Cardiff

The 1992 National Garden Festival

The remains of the slate industry in North Wales

The Brecon Beacons National Park
(DEPA Publishing)

The energy industry and its effects on the landscape in Great Britain & Ireland *(Arts Council of Wales)*

books

Hiraeth, A Longing With The Land

Grazing Slateland: The North Wales Slate Landscape

The Black Valley, The Grey Sky

photographs published

The Times, The Guardian, 'Wales/Wales' by Dai Smith, New Society, Just Seventeen, 'Talking Economics', 'A Century of Struggle', Amateur Photographer, The British Journal of Photography, The RPS Journal, Country Walking and The Newport Survey. Photographs also used on BBC, HTV & S4C news and current affairs programmes.

selected exhibitions

Photography & Education, Cardiff College of Art

'Coaldust Memories', Griffin Gallery, Newbridge

'Valleys Project' introductory exhibition, Ffotogallery, Cardiff

'Young Photographers', Photographers Gallery, London

'The Newport Survey', Newport Museum & Art Gallery

'Life after School', Newport Museum & Art Gallery

'The Miners' Strike' Camerawork, London & S.O.G.A.T. 82 Offices, Birmingham

'Hanging on in the Valleys', Stuttgart, Germany & touring Great Britain

'Redundant Valleys', St Pauls, London & touring Wales

Annual Christmas Show, Ffotogallery, Cardiff

'Valleys Revisited' Ffotogallery, Cardiff

'Grazing Slateland', touring Great Britain

'The Black Valley, The Grey Sky', touring Wales and USA

National Eisteddfod, North Wales

public collections

Ffotogallery, Cardiff

National Library of Wales, Aberystwyth

Arts Council of Wales, Cardiff

National Library of Scotland

Trinity College Library, Dublin

Bodleian Library, Oxford

Cambridge University

future plans

Roger Tiley is working on a number of projects, which he hopes to make into book form in the future. His work has recently taken him to Ireland, to document the energy industry, which forms part of a major commission, looking at the effects of the energy industry on the landscape in Great Britian and Ireland.
 He has also started work on documenting the changing South Wales Valleys and its future. This will be a continuation of the images taken for this book, investigating the changing needs of the modern day industrial climate.
As well as producing books, Roger's work is exhibited regularly and his images are continually featured in magazines. Over the next few years, he is hoping to visit the USA to exhibit his work and to photograph the mining areas of Montana in North America.

September 1995

'United we stand, divided we fall'

Ganed Roger Tiley yn Ne Cymru yn 1960.

swyddi

Ffotgraffydd diwydiannol ar gyfer Diwydiannau Lucas	1978 - 82
Ffotgraffydd annibynnol yn gweithio i bapurau a chylchgronau cenedlaethol	1984 - 88
Darlithydd rhan amser a darlithydd gwadd	1986 - 88
Darlithydd llawn amser a ffotograffydd	1988 - y presennol

dyfarniadau ac ysgoloriaethau

Arlunwyr Preswyl, Ysgol Uwchradd Llanedyrn, Caerdydd *(S.E.W.A.A.)*

Fe'i comisiynwyd i dynnu lluniau o Arlunwyr Preswyl o gwmpas Cymru

Dyfarniad Arlunydd Ieuanc *(Cyngor Celfyddydau Cymru)*

'Valleys Project', Ffotogallery, Caerdydd

Gŵyl Erddi Genedlaethol 1992

Gweddillion y diwydiant chwareli yng Ngogledd Cymru

Parc Cenedlaethol Bannau Brycheiniog *(DEPA Publishing)*

Y diwydiant ynni a'i effeithiau ar dirlun Prydain Fawr ac Iwerddon *(Cyngor Celfyddydau Cymru)*

llyfrau

Hiraeth, A Longing With The Land

Grazing Slateland: The North Wales Slate Landscape

The Black Valley, The Grey Sky / Y Cymoedd Du

ffotograffau a gyhoeddwyd

The Times, The Guardian, 'Wales/Wales' gan Dai Smith, New Society, Just Seventeen, 'Talking Economics', 'A Century of Struggle', Amateur Photographer, The British Journal of Photography, The RPS Journal, Country Walking a The Newport Survey. Defnyddiwyd ei ffotograffau hefyd yn rhaglenni newyddion a materion cyfoes y BBC, HTV a S4C.

arddangosfeydd dethol

Ffotograffiaeth ac Addysg, Coleg Celf Caerdydd

'Coaldust Memories', Oriel Griffin, Trecelyn

'Valleys Project' arddangosfa ragarweiniol, Ffotogallery, Caerdydd

'Young Photographers', Photographers Gallery, Llundain

'The Newport Survey', Amgueddfa ac Oriel Gelf Casnewydd

'Life after School', Amgueddfa ac Oriel Gelf Casnewydd

'The Miners' Strike' Camerawork, Llundain & S.O.G.A.T. 82 Offices, Birmingham

'Hanging on in the Valleys', Stuttgart, yr Almaen ac ar daith o gwmpas Prydain Fawr

'Redundant Valleys', St Pauls, Llundain ac ar daith o gwmpas Cymru

Sioe Nadolig Flynyddol, Ffotogallery, Caerdydd

'Valleys Revisited' Ffotogallery, Caerdydd

'Grazing Slateland', ar daith o gwmpas Prydain Fawr

'The Black Valley, The Grey Sky', ar daith o gwmpas Cymru a'r UDA

Yr Eisteddfod Genedlaethol, Gogledd Cymru

casgliadau cyhoeddus

Ffotogallery, Caerdydd

Llyfrgell Genedlaethol Cymru, Aberystwyth

Cyngor Celfyddydau Cymru, Caerdydd

Llyfrgell Genedlaethol yr Alban

Llyfrgell Coleg y Drindod, Dulyn

Llyfrgell Bodleian, Rhydychen

Prifysgol Caergrawnt

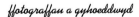

cynlluniau ar gyfer y dyfodol

Mae Roger Tiley yn gweithio ar brojectau a fydd yn cael eu cyhoeddi, fe obeithir, ar ffurf llyfr yn y dyfodol. Bu ar ymweliad ag Iwerddon yn ddiweddar yn rhan o'i waith ar y diwydiant ynni, sy'n rhan o waith comisiwn mawr, yn edrych ar effeithiau'r diwydiant ynni ar dirlun Prydain Fawr ac Iwerddon.

Mae hefyd wedi dechrau gweithio ar gofnodi'r newidiadau sydd i'w gweld yn Ne Cymru a'r dyfodol sydd i'r ardal. Bydd y gwaith hwn yn parhau â'r lluniau a welir yn y llyfr hwn ac yn ymchwilio i anghenion cyfnewidiol yr hinsawdd diwydiannol modern.

Yn ogystal â chynhyrchu llyfrau, mae gwaith Roger yn cael ei arddangos yn rheolaidd a gwelir ei waith yn aml mewn cylchgronau. Yn ystod y blynyddoedd nesaf gobeithia ymweld ag UDA i arddangos ei waith ac i dynnu lluniau o'r mwynfeydd yn Montana, Gogledd America.

Medi 1995

'Mewn undeb mae nerth'

As the photographs for this book were taken over a considerable period of time, I felt it appropriate to analyse in retrospect, striving to reach the peak of the learning curve. The sheer enjoyment I get from recording the latent image is unexplainable. The magic phenomenon of the medium never allows me to be able to produce the perfect picture. Whether in the taking stage, processing or printing, the feeling of elation in seeing the image for the first time generates the enthusiasm to produce more. A Director of a photographic gallery once said to me, are you obsessed by photography? The answer then was yes, the answer now is definitely yes. Photography has enabled me to witness events and places that I would otherwise have missed: it has enabled me to see my work in magazines and on the walls of a number of galleries.

After looking back through my negatives, after a number of years of being stored in files, deciding to produce a book on the images of the valleys seemed to be a good idea. From an historical point of view, many of the scenes depicted have long disappeared or changed beyond recognition. The chance to rephotograph my earlier work was never a possibility. But I wanted to expand on it, resulting in photographs captured over two decades. The chapel scenes were taken as part of a separate project; it ran parallel with the pictures that I took during the 1980s.

In a way, this book has been more difficult to collate, as I usually work on a theme, producing new work which is collected specifically for an assignment brief, over a relatively short period of time. This book is a mixture of old and new work, taken on various format cameras as I learn about a very complicated subject.

Camera equipment has never interested me. The 35mm camera with a 35mm semi-wide-angle lens served me for many years. I've never been interested in carrying a variety of lenses. Walking nearer or further away from the subject has always worked. As pressure of assignments with short deadlines increasingly dwindled, long-term commissions enabled my work to be recorded on larger format film. Oddly enough, the way I viewed a subject, changed.

I must confess to enjoying the sharp, crisp print, made via a medium or large format negative. With increasing demands on producing a high quality image, this encouraged me to purchase a 6x9cm range-finder camera with, of course, a fixed wide angle lens. Although it is not the easiest camera to use for documentary photography, the quality is superb. It is also a good camera for recording the landscape. In addition, I use a 5x4 inch field camera, mainly for landscape photography.

The quality of the image and how it is recorded onto film, fascinates me. It is important to take great care processing the films. To see them for the first time after fixing, is such an adrenaline buzz. Experimenting with various films and negative developers does not interest me. Finding the combination, which lends itself to my images, is of paramount importance. I have done this and my sole interest is capturing the image and ultimately making a print that stands out from the magazine page or gallery wall.

Printing is fascinating, especially exhibition printing. There are so many variables to perfect, to make the ultimate print. But in saying that, you can put so much feeling and emotion into a print, to make it individual; your own style. Making exhibition prints is a time-consuming process. But it is worth the time, when considering that the photographs will be around for a long period of time. They will be viewed by many, and that makes it all worth while.

I have recently changed photographic printing paper, from Agfa Fibre-based Chloro-bromide, to Sterlin Premium F. The new paper works well, combined with stark evocative subject-matter and heavy contrast, that I like to produce when printing. It also reacts well to selenium toning: I treat all my exhibition prints, not only to increase the archival permanence, but also to enrich the tones with a slightly tinted purple/brown tone, depending on the paper developer. Improving my knowledge of photography and perception of image-making encourages my urge to produce more pictures. I hope I will never lose my enthusiasm for a fascinating subject.

Police and troops put South Wales mining communities under siege. Cambrian Combine dispute 1910

Gan i'r lluniau ar gyfer y llyfr hwn gael eu tynnu dros gyfnod go faith, teimlais mai priodol oedd eu dadansoddi drwy edrych yn ôl a cheisio fy ngorau i ddysgu cymaint ag y gallwn ohonynt. Mae'r boddhad a gaf o gofnodi'r llun cuddiedig yn anesboniadwy er nad yw cyfaredd y cyfrwng byth yn caniatáu i mi fedru cynhyrchu'r llun perffaith. Mae'r ymdeimlad o orfoledd o weld y llun am y tro cyntaf, naill ai wrth ei dynnu, ei brosesu neu ei argraffu, yn ennyn brwdfrydedd ynof i gynhyrchu mwy. Gofynnodd Cyfarwyddwr oriel ffotograffiaeth i mi un tro a oedd ffotograffiaeth yn obsesiwn gennyf. Yr ateb bryd hynny oedd ydy, a'r ateb yn awr, yn bendant, yw ydy. Trwy fy ngwaith ffotograffiaeth gwelais ddigwyddiadau a lleoedd na fyddwn byth wedi eu gweld fel arall: gwelais fy ngwaith hefyd mewn cylchgronau ac ar waliau nifer o orielau.

Wedi i mi edrych yn ôl ar y negatifau, ar ôl cael eu cadw am flynyddoedd mewn ffeiliau, roedd rhyw rinwedd mewn cynhyrchu llyfr ar luniau o'r cymoedd. O safbwynt hanesyddol, mae llawer o'r golygfeydd a ddangosir wedi hen ddiflannu neu wedi'u trawsnewid yn llwyr. Nid oedd modd aildynnu rhai o'm hen luniau ond roeddwn am eu hymestyn, a'r canlyniad fu cyfres o luniau yn cwmpasu dau ddegawd. Tynnwyd lluniau'r capeli yn rhan o broject arall a oedd yn cyd-fynd â'r lluniau a dynnais yn ystod yr wythdegau.

Ar ryw olwg, bu'r llyfr hwn yn fwy anodd i'w drefnu gan y byddaf fel arfer yn gweithio ar thema arbennig ac yn cynhyrchu gwaith newydd yn benodol ar gyfer yr aseiniad hwnnw dros gyfnod cymharol fyr. Mae'r llyfr hwn yn gyfuniad o'r hen a'r newydd ac yn cynnwys lluniau a dynnwyd ar wahanol gamerâu wrth i mi ddysgu am bwnc cymhleth iawn.

Ni fu gen i erioed lawer o ddiddordeb mewn cyfarpar. Bu fy nghamera 35 mm a'r lens 35 mm a'i ongl led lydan yn was ffyddlon i mi am flynyddoedd lawer. Ni fûm yn un i gario nifer o lensys chwaith. Mae cerdded yn nes at y gwrthrych neu ymhellach oddi wrtho bob amser wedi gweithio i mi. Wrth i'r pwysau o wneud aseiniadau mewn cyfnod byr iawn leihau, cefais gyfle i ymgymryd â chomisiynau hwy a'm galluogai i gofnodi fy ngwaith ar ffilm ac iddo fformat mwy. Yn rhyfedd iawn,

newidiodd y ffordd yr edrychwn ar y testun hefyd. Rhaid i mi gyfaddef fy mod wrth fy modd â'r print clir a grëir gan négatif ac iddo fformat canolig neu fawr. Gyda'r galw cynyddol am gynhyrchu lluniau o ansawdd da, euthum ati i brynu camera â chyfeiriwr 6x9 cm ac, wrth gwrs, lens ongl lydan sefydlog. Er nad yw'r camera yn un hawdd i'w ddefnyddio i dynnu lluniau dogfennol mae'r ansawdd yn rhagorol. Mae hefyd yn gamera da i dynnu lluniau o'r tirlun. Yn ychwanegol at hyn, defnyddiaf gamera maes 5x4 modfedd, yn bennaf i dynnu lluniau o'r tirlun. Mae ansawdd y llun, a'r modd y caiff ei gofnodi ar ffilm, yn destun rhyfeddod i mi. Mae'n bwysig cymryd pwyll wrth brosesu ffilmiau. Mae eu gweld am y tro cyntaf, ar ôl eu sefydlogi, yn gyffrous iawn. Nid yw arbrofi gyda gwahanol ffilmiau a datblygwyr negatifau o ddiddordeb i mi. Mae darganfod y cyfuniad a fydd yn gweddu orau i'm lluniau i yn holl bwysig, fodd bynnag. A minnau bellach eisoes wedi'i ddarganfod, yr hyn sydd o bwys i mi yw tynnu'r llun a chynhyrchu print a fydd yn sefyll allan o'r cylchgrawn neu fur yr oriel. Mae printio yn ddiddorol iawn, yn arbennig ar gyfer arddangosfeydd. Mae cynifer o wahanol agweddau i'w perffeithio i wneud y print perffaith. Wedi dweud hynny, fodd bynnag, gallwch roi llawer o deimlad ac emosiwn mewn print i'w wneud yn waith unigolyddol; dyna fydd eich arddull chi. Mae gwneud printiau i'w harddangos yn cymryd llawer o amser, ond o ystyried y bydd iddynt hir oes ac y bydd llawer yn eu gweld, mae'n werth yr ymdrech. Yn ddiweddar, newidiais y papur argraffu ffotograffau o Agfa Fibre-based Chloro-bromide i Sterlin Premium F. Mae'r papur newydd yn gweithio'n dda, wedi'i gyfuno â phendantrwydd y deunydd cyfareddol a'r gwrthgyferbyniad pendant rydw i'n hoff o'i gynhyrchu wrth argraffu. Y mae hefyd yn adweithio'n dda i'r tôn seleniwm. Byddaf yn trin pob un o'm printiau i'w harddangos, nid yn unig er mwyn sicrhau eu parhad, ond hefyd i ddyfnhau'r tôn ag arlliw o liw porffor/brown, gan ddibynnu ar ddatblygwr y papur. O wella fy ngwybodaeth am ffotograffiaeth a fy syniadau am greu delweddau mae fy awydd i gynhyrchu mwy o luniau yn cynyddu. Rwy'n gobeithio na wnaf byth golli fy mrwdfrydedd dros bwnc mor hudol.

Cymunedau glofaol De Cymru dan warchae gan yr heddlu a'r milwyr. Anghydfod y Cambrian Combine 1910.

Between 1985 and 1994 the following deep coal mines closed in the South Wales coalfield.
Rhwng 1985 a 1994 caewyd y pyllau dwfn canlynol ym Maes Glo De Cymru.

	Abernant
	Aberpergwm
Bedwas	Betws
	Blaenant
Blaenserchan	Celynen North (Gogledd Celynen)
	Celynen South (De Celynen)
Cwm / Coedely	Cynheidre
	Deep Navigation
Garw / Ffaldau	Lady Windsor
	Maerdy
Marine	Markham
	Merthyr Vale
Nantgarw	Oakdale
	Penallta
Penrhiwceiber	St. Johns
Taff Merthyr	Six Bells
Trelewis	Tower (re-opened in 1995 - miners' buy-out) (ailagorwyd yn 1995 o dan berchenogaeth y glo
	Treforgan

"We're miners united, we'll never be defeated" Miners' chant during the 1984/85 strike
Llafargan y glowyr yn ystod streic 1984/85

"I was a witness, but I also participated"
1995

"Roeddwn yn dyst ar y tu allan, ond roeddwn hefyd ar y tu mewn"
1995

The next book by Roger Tiley, will concentrate on the future of the South Wales Valleys.
It will be called **Delving into the Future : The Valleys Replenished.**

Bydd y llyfr nesaf gan Roger Tiley yn canolbwyntio ar ddyfodol Cymoedd De Cymru. Ei deitl fydd
Edrych i'r Dyfodol : Bywyd Newydd i'r Cymoedd.

INCLINE
P U B L I C A T I O N S

publishing fine art photography

Cyhoeddiadau Llethr
Cyhoeddwyr Ffotograffiaeth Gelfyddyd Gain

Ystradgynlais
Powys
Wales
SA9 1RP